Günter von Hummel

Verinnerlicht Euch!

Ein neues, wissenschaftlich begründetes Verfahren der Selbstpraxis

Das Umschlagsbild stammt von Franz X. Gfirtner, der es in Zeiten großer psychischer Not 1972 gemalt hat. Ist es ein langhalsiger Vogel mit langem gebogenen Schnabel, der aus seiner Hülle geschlüpft ist? Sind es links und rechts die großen Räder innerer und äußerer Bedrohung zwischen die das menschliche Subjekt geraten kann? Der Maler hat das Bild ,Durchbruch' genannt, Durchbruch des Vogels aus der Schale des Eies und des Menschen zu sich selbst, der ihm später auch gelungen ist.

© 2026 Günter von Hummel
Verlag: BoD · Books on Demand GmbH, Überseering 33, 22297 Hamburg, bod@bod.de
Druck: Libri Plureos GmbH, Friedensallee 273, 22763 Hamburg
ISBN: 978-3-7557-8014-4
Lektorat: S. Möckel, München

Inhaltsverzeichnis

1. Das Selbstgenießen des Körpers

Es ist wohl nicht schwer zu verstehen, dass das Leben sich stets vor dem Hintergrund seiner Begrenztheit, seines Endes, also des letztendlichen Todes abspielt. Der bekannte Schriftsteller T. Pynchon behauptete jedenfalls, dass Geschichten und Erzählungen ohne diesen Hintergrund keinen Wert hätten.[1] Er bemängelte generell an den Romanen seiner Frühzeit und auch an denen anderer Autoren die ‚Überbewertung der Jugend' und die ‚Oberflächlichkeit gegenüber dem Tod'. Klar, welcher Zwanzigjährige will schon ständig etwas vom Tod hören? Doch um die direkte Konfrontation mit ihm geht es ja gar nicht. Interessant ist vielmehr, wenn das Symbol, die Mächtigkeit und kalte Gelassenheit des Todes im Hintergrund eines Romans mitschwingen, wenn sozusagen jede Bewegung, jede Geste und schon gar jedes Wort von seinem tödlichen Gegengriff mitgekennzeichnet ist. Dann kommt ein Echtheitswert ins Spiel, der die Romanfiguren die Marionetten sein lässt, die sie irgendwie immer auch sind, sie aber gleichzeitig um ihre Lebendigkeit und ihr Glück zu kämpfen zwingt.

Kurz, das Leben wird durch den Tod dramatisiert und auf die Spitze getrieben – so Pynchons Stellungnahme. Doch so verhält es sich ja nicht nur im Roman, sondern auch in Wirklichkeit, und die will ich bei meinem Schreiben unbedingt beachten. Dabei geht es bei dem Begriff Wirklich-

---

[1] Pynchon, T., Spätzünder, Rowohlt (1994)

keit weniger um die äußerliche Realität, in der einem vermittelt wird, wie langweilig das Leben ist und wie schrecklich alle sterben, sondern ums ‚Reale', das S. Freud die psychische, subjektbezogene Realität nannte. Im Gegensatz zur Wirklichkeit könnte man dies auch als das Wirkende bezeichnen, das ohne Riss und immer am gleichen Platz ist und sich einem stets in den Weg stellt, sodass der französische Psychoanalytiker J. Lacan dabei sogar vom Unmöglichen sprach. Verrückt, ausgerechnet das ‚Reale', das Wirkende, soll unmöglich sein? Doch jeder kennt das, dass einem einfach etwas nicht gelingen soll, selbst das Sterben nicht, weshalb Pynchon es ja in seinen Büchern dramatisieren muss, damit auch der letzte merkt, dass es den Tod gibt.

Damit bin ich bereits beim Thema: Verinnerlicht Euch, zieht Euch in Euch selbst zurück, denn nur im Innersten trifft man auf das Allerletztliche. Gewiss, physisch stirbt man nur einmal, aber seelisch kann man mehrere kleine Tode sterben, und die sind es ja auch, die Pynchon meinte. Es ist sogar wichtig, dass man die Hindernisse, Verluste, Depressionen, Unglücke, Irrtümer, etc., die sich als Unmöglichkeiten einem in den Weg stellen, als kleine Tode versteht, denn so wird man das Sterben vielleicht begreifen und erlernen können, bevor es wirklich so weit ist. Lacan meinte auch, dass jegliche Existenz, jegliches Leben also, sofort, „bereits bei ihrem ersten Auftauchen, von ihrer korrelativen Inexistenz her in Gang kommt und von daher geäußert wird, der Tod also vor dem Leben da ist".[2] Im Gegensatz zu den Religionen, die von einem Leben nach dem Tod sprechen, ergibt sich somit etwas ganz anderes, nämlich ein Leben, das erst im Sterben zu seiner wahren Höhe und Krönung hin aufläuft, sodass man vor lauter Turbulenzen den Tod vergisst, zumindest hat er seine Wichtigmacherei und Relevanz verloren.

Neurowissenschaftliche Untersuchungen haben derartige Vorgänge von einer anderen Perspektive her beweisen können, indem Gehirnzellen bei Tieren Stunden nach deren Tod und damit ohne Sauerstoff noch komplexe neurologische Signale von sich gaben. „Das Sterben der Gehirnzellen nach Sauerstoffmangel sei offenbar ein schrittweiser Prozess".[3] Der eindeutig medizinisch festgestellte Tod war noch nicht der endgültige. Wenn die meisten Menschen diese Phase, dieses ‚Zwischenreich' eines Lebens im Sterben – so könnte man es nennen – nicht erfahren, so, weil sie vor lauter Angepasstheit an das nach außen gerichtete Leben darauf nicht vorbereitet waren. Obwohl sie im Leben mit dem Sterben immer wieder konfrontiert waren, haben sie im entscheidenden Moment den Tod nicht vergessen können. Viel zu sehr haben sie dauernd in negativer Weise an ihn gedacht. Sie haben sich an ihm vergangen. Pervers, das Ganze.

---

[2] Lacan, J., Séminaire XIX, Édition Seuil (2011) S. 135 (Übersetzung Nemitz).
[3] Albrecht, J., Brendler, M., Bericht in der FAS vom 21. 4. 2019 S. 53, über den Forscher N. Sestan in der Zeitschrift Nature.

Um das alles präzise zu verstehen, braucht es nicht die objektiven Wissenschaften, die am Gegenständlichen hängenbleiben, sondern eine Wissenschaft v o m Subjekt, bei der alles, was ein Mensch denkt, fühlt, phantasiert, träumt, sagt und verdrängt, ins Spiel gebracht und zu solch einer Höhe und Stärke aufgebaut wird, dass – ja was? Entsteht? Erneuert wird? Der Historiker und KI-Theoretiker Y. Noah Harari meint, es entstünde so der Homo Deus, der Gott-Mensch.[4] Dieses Ungeheuer ist allerdings nur durch noch zu entwickelnde neue Techniken herstellbar, wozu der Homo einerseits verstehen muss, aus welchen Algorithmen er aufgebaut ist und wie er dann weitere für ihn passende Algorithmen konstruieren und mit diesen weiter und endlos weiter ein Leben führen kann, das dann allerdings dem Tod vielleicht mehr ähnelt als dem vitalen Dasein.

Doch die Sache ist nicht ganz so dumm, auch wenn sie an das vorhin genannte Unmögliche grenzt. Das eigene Ich könnte aus riesigen Mengen von Quantencomputern bestehen, sich selbst reparieren und mit anderen KI-erzeugten Ichs kommunizieren und so – weiter gedacht – das ‚Reale' als des Eigentliche des Körpers ungestört genießen, also ein körperliches Selbstgenießen haben – allerdings eines, das wie beim Sex immer wieder verloren geht. Denn die KI erzeugt immer wieder nur KI, sie ist eine Mehrlust-

---

[4] Harari, Y. N., Homo Deus, Eine Geschichte von Morgen, C. H. Beck Verlag (2020)

Maschine, die nicht liebens- und leidensfähig ist. Dass der Körper sich allein und ausschließlich selbst genießt, klingt natürlich übertrieben. Ein bisschen menschliches Subjekt muss schon noch da sein, um diese Art des Autoerotismus zu realisieren. Aber dies ist ja auch der Fall.

Lacan sagt ausdrücklich, „dass die eigentliche Definition eines Körpers darin besteht, dass er eine ‚substance jouissante‘ ist," ein genießendes Substanzielles.[5] „Wieso hat das noch nie jemand behauptet? Dies ist das Einzige, abgesehen vom Mythos, das wirklich erfahrbar ist. Ein Körper genießt sich selbst, er genießt es gut oder schlecht . . .," sagt Lacan in dem oben gerade zitierten Seminar XXI und er ergänzt, dass das ganze Köperselbstgenießen nur funktioniert, wenn es in den Rahmen gestellt ist, in dem neben dem Realen auch Wort- und Bild-Wirkendes, und das heißt eben auch das entstehende Ich, präsent ist.[6] Jedenfalls ist diese Definition des originären Körpergenießens allemal besser als die Behauptung, dass das wahre Genießen erst nach dem Tod eintritt, nämlich mit oder nach der ‚leiblichen Auferstehung‘.

Die Theologen versichern natürlich, dass die Art des Körpers bei der Wiederauferstehung nicht näher festgelegt ist, aber das tut auch Lacan nicht, er stellt das Selbstgenießen

---

[5] Lacan, J., Seminar XXI, Vortrag vom 12. 3. 1974
[6] Das Reale, Imaginäre (Bild-Wirkende) und das Symbolische (Wort-Wirkende) stellen für Lacan die grundlegende Dreiheit dar. Genaueres dazu später.

des Körpers in einen grundlegenden Rahmen, den er die Verbindung und Verknotung des Symbolischen, Realen und Imaginären nennt. Daran möchte auch ich mich halten, und die Geschichte von Leben und Tod nicht für ein noch unvorstellbares Morgen (Religion oder Hararis KI), sondern als Verwirklichung schon für heute darstellen. Nicht mehr als mythische, mystische, magische Verinnerlichung wie früher, sondern als wissenschaftlich fundiertes Nach-Innen-Gehen. Ich will in diesem Buch von Erweiterungen der Psychoanalyse, von Meditation und der präzise geklärten Verbindung der grundlegenden Kräfte sprechen, wie Freud und Lacan sie angedacht und konzipiert haben und die in direkter Praxis in jedem Einzelnen umgesetzt werden kann. Freud nannte sie Eros-Lebens- und Todes-Trieb, doch letzterer erwies sich als unhaltbar. Eine aktive und mit Wonne und Entzücken ausgestattete Triebkraft, die zum Ende führen soll, erscheint heute den meisten Psychoanalytikern als widersprüchlich. Vor allem treten diese Kräfte miteinander kombiniert auf, legiert, wie Freud sagte, und da landet man bei ihm leicht in einer Art von Perversion, wo Eros und Thanatos, Liebe und Tod, eine Einheit sind.

Freud nannte die ursprüngliche Kombination der beim Menschen von der Instinktfixierung der Tiere befreiten Triebe ‚polymorph-pervers'. Doch dies kann sich schon im frühesten Kindesalter ändern. Lacan hat die Kräfte daher umformuliert in den auch bereits von Freud so bezeichneten Schautrieb, das Bild-Wirkende, Imaginäre, und den

Sprechtrieb, das Wort-Wirkende, Symbolische, die beide als Grundkräfte schlüssiger und plausibler sind, deren Kombination jedoch weitere, unzählige Möglichkeiten aufweist. Trotzdem, wenn man diese Kräfte nicht unterdrücken kann, weil sie aggressiven und sexuellen Charakter haben können, lassen sie sich durchaus sublimieren, verfeinern, ja vergeistigen, wie die Psychoanalytiker grundsätzlich erklärt haben. Dieses Sublimieren hat den gleichen Charakter wie das Identifizieren, von dem Freud drei verschiedene Formen unterschied.

Die erste Identifizierung – auf die es mir jetzt hauptsächlich ankommt – ist die von Freud etwas seltsam genannte mit dem ‚Vater der Vorzeit‘, mit einer Art Imposanz vor dem Hintergrund erster Wahrnehmungen und ausgestattet mit der Liebe eines Urwesens, was ich nur so verstehen kann, dass es sich eben auch um eine Sublimierung handelt, eine erste Vergeistigung. Ich konnte keinen Psychoanalytiker finden, der einen besseren Ausdruck dafür gefunden hat.[7] Aber für mich ist klar, dass diese Identifizierung, Sublimierung einerseits das Selbstgenießen des Körpers ist, Momente, in denen das Kind – vielleicht bereits im Mutterleib – seine ersten Erfahrungen mit der ‚substance jouissante‘ macht. Andererseits eine erste Lautkommunikation mit den Lauten der Mutter.

---

[7] Die zweite Form der Identifizierung ist die mit einem einzelnen Zug eines Objekts, was zu den üblichen Liebe-Hass-Beziehungen führt (Zwanghaftigkeit), die dritte ist die mit dem Begehren des anderen Geschlechts (Hysterie).

Es handelt sich dann eben um höhere Lüste, wie sie später in Spiel, Kunst, Bewegung, intellektueller Tätigkeit, Literatur, Wissenschaft, etc. zum Zug kommen. Sie tun nichts anderes, als sich vor dem Hintergrund der niederen Lüste abzuspielen, die natürlich wie der Tod schon früher da waren. Denn – nach Freud – steckt auch in der Sublimierung etwas vom Grundsexuellen, auf das er sein Schwergewicht stellte. Im üblichen, angepassten, notorisch entsubjektivierten Leben hat man diese Lüste noch nicht in der geeigneten Form entdeckt, oder man ist in ihren von Anfang an schon gnadenlos stecken geblieben.

Doch ich will mich jetzt nicht mit der Thematik des Negativen verzetteln, die Thematik der positiven Lüste ist im Moment wichtiger, wobei gleich klarzustellen ist, dass die Verinnerlichung, um die es hier gehen soll, nicht in Moralisierungen bestehen kann. Das wäre ja das Paradoxeste. Sex beispielsweise, meint Lacan, sei eine Scheinbeziehung, sie strahle hell wie eine Supernova, aber eine wirkliche Beziehung sei sie nur dem Schein, dem Anschein nach. Die ‚relation sexuelle‘, so argumentiert er daher, existiere gar nicht. Man könne von ihr nicht Definitives sagen oder schreiben, sie sei ein Scheingenuß, eine Freud'sche Fehlleistung, ein Daneben-Gehen. Der Mann ejakuliere immer am Höhepunkt seiner Angst, also da, wo er nicht mehr weiter wisse. Das Ganze ist somit nur ein Stolpern, ein Patzer. „Man muss wohl wirklich ein Mann sein, um zu glauben, dass Kopulieren zum Genießen führt", konstatiert Lacan schließlich.[8] Zum wahren Genießen, das er die ‚Jouissance' nennt, kommt man dabei nicht.

Nochmals und zusammengefasst: Bild- und Wort-Wirkendes, Schau- und Sprechtrieb machen den Anfang, sind aber schlecht, ungenau und völlig unreif kombiniert. Simples ‚Plaisir' und sublimierte ‚Jouissance' haben noch nicht den passenden Platz gefunden, sind also noch ‚polymorphpervers' oder wie die Freudschülerin M. Klein behauptete: ‚schizoid-paranoid', d. h. ein wenig verrückt. Aber verhält es sich nicht lange noch genau so? Mit dem übertriebenen Konsum, mit der Reiseritis, der Krankheit ständig weiß Gott wohin fahren zu müssen, oder mit der gesamten heutigen Informationsgier und Diskussionswut schaut es doch nicht besser aus. Verinnerlicht Euch! Braucht nicht so viel Veräußerlichungen, verfallt nicht der TV- und Smartphone-Hysterie, ja, nicht einmal mehr so viele Kirchgänge wie früher sind nötig. Denn wer weiß, dass es den Teufel nicht gibt, wird nicht mehr in die Kirche gehen. Und so braucht auch jemand, der weiß, dass die sexuelle Beziehung gar nicht existiert, nicht mehr in Psychoanalyse zu kommen. Er kann sich entspannt zurücklehnen.

Doch vorerst muss ich noch Weiteres zum Verinnerlicht Euch! in aktueller und modernerer Form sagen. Geht nach innen und nicht nur nach außen! Warum nicht bei sich selbst anfangen? Hat es nicht schon genug Kampf und

---

[8] Lacan, J., Vortrag vom 12. 3. 1973, veröffentlicht in Staferla free unter Seminar XIX b.

Kriegsgeschrei gegen andere gegeben? Warum nicht den inneren Schrei, den der Seele nach Befreiung, hören? Nachdem die 68er Bewegung schon nachgelassen hatte, meinte der Linksrevoluzzer Stéphane Hessel, er müsse den jungen Leuten noch nach der Jahrtausendwende ein ‚Empört Euch'! zurufen: Klagt alles und alle an, wenn es Euch schlecht geht. Macht kaputt, was euch kaputt macht, Indignez-vous!

Dieser Aufschrei hat sich inzwischen scheinbar überholt, seit man sich in den sozialen Medien bis zur Erschöpfung bewegungslos empören kann.[9] Später hat der Journalist und Autor U. Wickert diesen mahnenden und appellativen Tenor mit einem ‚Identifiziert Euch' zu krönen versucht.[10] Aber auch dieser Aufschrei war nicht erfolgreich, obwohl er ja nicht mehr so drastisch in die Kerbe einer Bewegung gegen andere schlug, sondern in eine zu sich selbst. Eine gegen trostlose Gleichmacherei und Ideologie.

Aber die gleichmachende Anpassung findet ja wiederum nur vor dem Hintergrund eines Nichtangepasstseins statt, eines, wie gerade von Freud erwähnt, noch rohen, primären Zustands der Triebkräfte. Man kann noch so gut angepasst und identifiziert sein, meinte Freud, die elementaren Kräfte brechen immer wieder mal durch, egal ob mittels niederer oder höherer Lüste. Wenn ich in der Kapitel

---

[9] Hessel, S., Empört Euch, Ullstein (2011)

[10] Wickert, U., Identifiziert euch! Warum wir ein neues Heimatgefühl brauchen. Piper Verlag (2019)

Überschrift vom Körpergenießen geschrieben habe, so ist schwer zu sagen, ob es hier um Niedriges oder Höheres geht. Wie gesagt unterstellt Lacan allen lebenden Körpern, auch bereits den Pflanzen, den Bakterien und den Viren, ein grundlegendes Genießen, das er wie gesagt die ‚Jouissance‘ nennt.[11, 12] Eigentlich ist nicht zu sagen, wo dieses unmittelbare, autochthone Genießen anfängt und herkommt. Es sieht so aus, als genieße sich etwas im Moment seiner Verkörperlichung selbst. Und zwar nicht nur der eingangs so bezeichnete Körper als solcher. Genießt sich nicht auch das Universum?

Ich werde die Frage im nächsten Kapitel beantworten, denn mehr denn je braucht es heute ein grundlegendes Zurück zu den Wurzeln, ein ‚back to the roots‘ wie man modernerweise sagt, eine Revolte zu sich nach innen, ein ‚Verinnerlicht Euch‘, um weg zu sein von all den Veräußerlichungen und Verflachungen, die keine klaren Antworten ermöglichen. Revolutionen nach außen haben wir ausreichend erlebt. Anfang des letzten Jahrhunderts wurden sie selbst bei uns noch mit militärischer Gewalt durchgesetzt. Aber seit Ende des II. Weltkriegs war außer der genannten 68er Bewegung, die eigentlich eine Studentenrevolte war, nichts in dieser Richtung mehr notwendig

---

[11] Lacan, J., Lettres de L'École freudienne, Nr. 16 (1975) S. 192.
[12] Lacan, J., Seminar XXI, Vortrag vom 23. 4. 1974. Auch andere bestätigen diese Auffassung eines Lebens sogar in der Materie, so z. B. Coccia, E., Die Wurzeln der Welt, Eine Philosophie der Pflanzen, dtv (2020)

gewesen. Jetzt ist eher die Zeit, wo man sogar manchmal das alte englische Sprichwort hört: ‚Wanted reformers not of others but of selmselfes'! Doch keiner sagt, wie das geschehen soll.

Bei Wickerts ‚Identifiziert Euch' konnte man an eine geistreiche Variante der ‚reformers of themselfes' denken, doch es war nicht der große erneuernde Wurf. Wickert reflektiert, dass man den Verlust des romantischen Nationalgefühls bzw. dessen heute zu beobachtende Ablehnung ersetzen und anderes entwickeln muss. Er plädiert für Begriffe wie den der ‚politischen Willensgemeinschaft' im Rahmen moderner Staatsformen oder mit dem der ‚Solidargemeinschaft' und für einen Grundkonsens geschichtlicher und kultureller Herkunft. Aber kann man sich so komplex identifizieren? Identifizierung ist doch ein direkter Akt des Subjekts, etwas Unmittelbares des Blicks, des Freud'schen Schautriebs, des Bild-Wirkenden, des Aufscheinens eines strahlenden Zugs des Objekts, das im letzten Moment dieses Blicks einen Namen bekommt: Mann oder Frau zum Beispiel, wenn es um die geschlechtliche Identität geht, in der man sich männliches oder weibliches Wesen erkennen kann.

Das Verinnerlichen bis hin zum ultimativen Selbstgenießen des Körpers beginnt also beim Wort-Wirkenden (Symbolisch-Realen) und beim Bild-Wirkenden (Imaginär-Realen), und der Art ihrer Kombination, ihrer Kombinatorik. So wird das Imaginär-Reale der frühen Körper-Ich-Spiegelungen laut Freud am Beginn der Kindheit auch durch Autoerotismus und frühen Narzissmus geprägt. Verkürzt nennt Lacan diesen Vorgang einen präexistenten, gespaltenen Blick, eine lichtartige ‚ultrasubjektive Ausstrahlung'. Andere sprechen vom ‚concrete original object' (COO),[13] also einer lusthaften Körper-Selbst-Spiegelung. Lacan geht so weit und schreibt zum Beispiel: „Was Licht ist, blickt mich an". Lustvoll, auch das ist die erste Identifizierung.

Der Schautrieb, das Imaginär-Reale, ist eine libidinöse Oszillation, die vom Tod noch keine Ahnung hat, aber ihren Genuss in dieser Blick-Spaltung, primären Spiegelung findet. Wie die Schönheit ist sie immer vergänglich und auch die Erinnerung an die herrlichsten Landschaften verlassen einen ständig, auch im endgültigen Sterben, in dem man ihre Sanftheit sucht. Doch das ‚Licht' (Bild-Wirkendes), oder noch besser: Das Luzide als ein letzter Blick, schwelgt im Tod und will nicht verlöschen, das sollte man wissen, auch dass das Wort, der ‚Ton', der Sprachlaut (Wort-Wirkendes) dazukommen muss. „Man kann mancherlei Ursachen haben, des Lebens überdrüssig zu sein, aber nie einen Grund, den Tod zu verachten."[14] Er muss durch das Luzide (mythisch ‚Licht') und den ‚Laut', durch den inneren ‚Ton', kultiviert werden.

---

[13] Ferrari, A. B., From the Eclipse of the Body to the Dawn of Thought, London: Free Association Books (2004)
[14] La Rochefoucault, Maximen und Reflexionen, Reclam (2005) S. 70

Das Wort-Wirkende, der Sprechtrieb und seine Tratschlust als die zweite Grundkraft des Menschen drängt oft geradezu zum Tod hin, weshalb der von Freud gewählte Begriff Todestrieb ganz gut zu ihm passt, obwohl Freud etwas ganz anderes darunter verstanden hat. Schließlich redet man sich gerade beim freien und völlig frei lautenden Sprechen um Kopf und Kragen. Die Menschen reden ständig aneinander vorbei, lügen, verhaspeln sich, sodass zur Kommunikation nichts übrig bleibt. Selbst höchst präzise juristische Formulierungen ändern daran nichts und Virginia Woolfs wunderbare Phrasen in ihrem Roman ‚Die Wellen' lassen uns nur selig betäubt zurück.[15] Sprechen ist ein Totschlagen, das einen nicht ganz umbringt, aber die Wahrheit total minimalisiert. Verinnerlicht Euch, um endlich zum vollen Sprechen, zur eigenen prosodischen Wortwahl, ja zur Weisheit zu kommen! Das ist das Ziel!

Lacan war überzeugt, dass wir eigentlich nicht wissen wollen, was mit uns los ist. Wir tauschen uns aus, informieren uns ständig aus den verschiedensten Medien, gehen in Kurse und Therapien, suchen nach der Wahrheit – und doch kommt nichts heraus. Auch ich werde in diesem Buch nicht das geben können, was automatisch dieses Gefangensein in uns selbst völlig lösen würde. Ich kann nur einen Anstoß und die berühmte Hilfe zur Selbsthilfe geben, die im Innersten unseres Selbst einen Aufruhr aus-

---

[15] Woolf, V., Die Wellen, Suhrkamp (1964) S. 15. Ich komme darauf noch zurück.

lösen soll, eine Revolte. Eine Revolte des Selbst. Diese ist dafür aber in einen wissenschaftlich gesicherten Rahmen gestellt und zwar in einer, meine hier geschriebenen Worte selbst überrumpelnden Form. Denn gut gemeinte Ratschläge bewirken nichts. Man kann auch sagen, es ist die Form eines ‚anders herum' sowohl im Bild- wie im Wort-Wirkenden. Kurz, in dem, was Lacan auch einen ‚linguistischem Kristall' nannte.[16]

Verinnerlicht heißt also, dass es eine Revolte in und aus dem unbewussten Selbst, aus dem originären Bild-Wort-Wirkenden heraus sein muss. Verfahren wie Verhaltenstherapie, analytische Psychotherapie oder sonstige psychotherapeutische Vorgehensweisen oder Gruppen-Konstrukte sozialer oder politischer Gestalt, stellen gewiss keine selbstverinnerlichende Revolte dar, während ich hoffen kann, dass das von mir in diesem Buch vorgestellte Verfahren, das ich *Analytische Psychokatharsis* nenne, dafür besser und mit sanfter Revolte versehen, geeignet ist. ‚Verinnerlicht Euch' als eine Revolte des Selbst, also als eine revoltierende Veränderung in und mit dem Kern des eigenen Seelenlebens, muss sich nicht nur von sozialen Revolten unterscheiden, sondern sich auch deutlich abheben von diesen gerade genannten, klassischen psycho- und lerntherapeutischen Methoden, die man heutzutage sogar in simplen Lehrbüchern recht schulmeisterlich darstellt.

---

[16] Linguistisch für das Wort-Wirkende, kristallin für das Bild- und Blick-Wirkende im Unbewussten. Es geht also wieder um die Kombination der Grundkräfte.

Auch esoterische Hilfsmethoden, Religiosität, Yoga und asiatische Meditation gehören nicht zur wahren und effektiven Verinnerlichung. Freuds Revolte war zu akademisch, und so fehlte ihr eine aufwühlende Praxis, weshalb er selbst einmal sagte, dass die Psychoanalyse der prak-tischen Heilung nur wenig dienlich sei, sondern eher der theoretischen Wahrheitsfindung. Und die esoterischen Verinnerlichungen sind voll von Gewissheiten, aber leer jedes wissenschaftlichen Beweises.

Deswegen braucht es die vollkommene Verinnerlichung, bei der es sich nicht allein um einen Ruf zur Befreiung vom Ich und Ich-Idealen handelt, von bewussten, egoformen Strebungen oder zu krass auf's Überich bezogenen Inhalten. Der Kern des Selbst, um den es geht, liegt im erwähnten ‚linguistischen Kristall', im Bild-Wort-Wirkenden. Das Gerede vom ‚empört euch" oder ‚erhebt euch', so notwendig es einmal war, ist nur noch antiquierte Blödelei. Nur etwas, das erst vom tiefsten Punkt des eigenen Selbst ausgeht, von der eigenen seelischen Struktur, ist wichtig und kann dann vielleicht, wenn es nötig ist, auch nach außen hin verändernd wirken. Was U. Wickert unter dem Aufschrei ‚Identifiziert euch' glaubte als geistreiche Variante des Verinnerlichens auftischen zu müssen, ist – wie erwähnt – weder zur Selbstoptimierung des Einzelnen noch der Gesellschaft geeignet. Bei Wickert findet sich keine Revolte mehr, sondern nur Anpassung an moderne Definitionen.

Man kann sich nicht mit dem Gesamt einer Wahrnehmung identifizieren, sondern – wie Freud und Lacan argumentierten – nur mit einem strahlenden, einzelnen Zug eines Objekts. D. h. man identifiziert sich als Subjekt mit einem einzigen, scheinbar plötzlich auftauchenden und für den Betreffenden bedeutenden Zug des Objekts, das dadurch eine Bezeichnung bekommt. Das kann zufällig gut gehen oder auch in die Irre führen, weil das Bildhafte, Imaginäre eben keine definitive Ordnung hat. Es gibt Muster, ein Wappen, „Erscheinungen mit Bedeutung", wie es der Philosoph W. Seitter nannte, aber keine Eindeutigkeit. Die Identifizierung ist nur eine blinde, getrübte Reflexion, ein Vexier-Spiegel. Bestes Beispiel: die Frau mit einer starken Agoraphobie, die aber nicht Angst vor der Weite und Offenheit eines Platzes hat, sondern vor ihrer verdrängten erotischen Offenheit und der Weite der Prostitution. Die Identifizierung muss den zutreffenden Namen bekommen. Womit soll man sich bewusst identifizieren, wenn in einem noch unbewusste Identifizierungen da sind?

Was mir vorschwebt, ist Identifizierung aus der Leere, dem scheinbaren Nichts, aus dem Unsichtbaren heraus, das einen anblickt, und damit gar nicht so leer ist, sondern bereits so etwas wie ‚Licht' vermittelt. *Es* geht um eine ernsthafte Verinnerlichung, indem sie aus dem Selbst jedes Einzelnen kommt und nicht auf Ausdeutungen anderer wartet, aber dennoch wissenschaftlich begründet ist und von daher, von dieser Begründung her, den zutreffenden Namen bekommt. Es muss ein geschlossener Vorgang sein, weil so das Reale ins Spiel kommt und nicht die kastrierende Hemmung oder Spaltung zwischen isoliertem Bild- und Wort-Wirkenden vorherrschend bleibt.

Und so sollte man auch den Psychoanalytiker verstehen, als der er – anstelle der Funktion des Vaters (Freuds Bezug auf einen Ur-Ahnen, auf einen eidetischen ‚Vater der Vorzeit') diesen als ‚Übertragungs-Objekts' agieren lassen. Bekanntlich überträgt der Patient in der Psychoanalyse Gefühle und Bedeutungen auf seinen Therapeuten, die mehr oder weniger inadäquat sind, weil sie aus früheren oder anderen Beziehungen stammen. Der Therapeut muss sehen, dass wir stark bestimmt sind von der mehr oder weniger schnöden patriarchalen Familienordnung, der ‚Vorzeit-Vater-Ordnung', doch diese spielt sich vor dem Hintergrund eines irrlichternden weiblichen Über-Ichs ab.

Also, was ist das, ein Vater, wirklich definitiv? Und gar ein weibliches Überich? In der Psychoanalyse wird unter dem weiblichen Überich etwas seelisch Dominierendes verstanden, das sich gegenüber dem väterlichen Überich unkontrollierter, vielschichtiger, flexibler und freier ausnimmt – so z. B. mythisch dargestellt in früheren Göttinnen wie der ägyptischen Ishtar, der griechischen Kybele und er indischen Kali.[17] So sehr das männlich-väterliche

---

[17] Heute wird es eher von den überprotektiven Müttern, verführerischen Aktricen und raffinierten Ehefrauen vermittelt. Die Frauen also solche, meinte Lacan, „irren nie". Das war ernst

Überich Wortgewalt hat, so sehr ist das weibliche Überich eine verführerische Lichtgestalt. Wie soll der Therapeut all diese Aspekte, Figuren, bedeutenden *Anderen*, berücksichtigen? Man muss sich wohl an Lacan und seinen ‚linguistischen Kristall' halten!

---

gemeint, denn sie würden eben nur irren, wenn sie sich als Mütter oder in anderer Form so übermächtig geben.

2. Bild- und Wort-Wirkendes

Genießt das Universum?", fragte ich. Wenn ja, dann wird es ebenfalls in die Verinnerlichung jedes Einzelnen einbezogen sein. Denn die Astrophysiker werden immer faszinierende Entdeckungen machen, aber sie werden sie wie die sogenannte unendliche Gerade immer wieder zum Kreis schließen müssen. Sie kommen über die Astrophysik nicht hinaus, weil sie ja ein Zentrum des Universums gar nicht finden können. Schließlich gibt es noch ein unsichtbares Universum, das sogar 95 % des gesamten Universums ausmacht. Der Mittelpunkt des Gesamt-Universums kann sich nur noch in einem jeden Einzelnen selbst befinden, und schon allein dafür rentiert es sich, der vollen Verinnerlichung nachzugehen.[18]

Oder soll man alles ganz alleine Gott überlassen, der aus einem Körper ohne Gestalt (bild-wirkend) besteht,[19] oder als „unsterbliches Gerücht" (wort-wirkend), wie der streng katholische Religionsphilosoph R. Spaemann sagte? Bestand der Sündenfall im Alten Testament nicht darin, Gott das Genießen rauben zu wollen, wobei sich Adam und

---

[18] Esoteriker und Anthroposophen sprechen von ‚Astralebenen', sie sehen innerlich Lichtpunkte, von denen aus sie dann in halluzinierte Welten gehen, anstatt bei sich zu bleiben.

[19] Im Alten Testament heißt es, dass Gott im Windhauch des Gartens einherging (1 Moses, 3:3), d. h. man konnte ihn – so gehaucht - körperlich spüren.

Eva allerdings nur nackt vorkamen (erkannten).[20] Im Hebräischen wird das Wort ‚erkennen' durch die Wurzel ‚עיד', ‚jd', ausgesprochen ‚jāda', zum Ausdruck gebracht, die im gesamten semitischen Sprachraum vorkommt. *Jāda'* heißt wissen, erkennen, aber im Zusammenhang mit dem Erkennen bei Adam und Eva bezeichnet ‚*jāda'* auch die sinnliche und geschlechtliche Liebe von Mann und Frau. Man hat es ins Griechische mit ‚γιγνώσκειν' (gignoskein, erkennen), einseitig übersetzt.

Die Griechen besaßen kein Wort für Sex. Für sie war Eros ein Gott, in dem Liebe und Sex vereint waren, er wurde jedoch stets nur als Knabe dargestellt, was nicht gerade auf eine reife erotische Beziehung schließen lässt. Aber dass die Körper sich selbst genießen, heißt ja nicht unbedingt, dass dies Reife, Höhe, Größe hat. Die Körper sind einbezogen in das Schein-Genießen der Erkenntnis, die betont das Bild-Blick-Wirkende betrifft (es gehen Adam und Eva die Augen auf und schon der Baum der Erkenntnis war so genussvoll anzuschauen).[21] In der Schule haben wir jedenfalls nie verstanden, warum Maria keinen Mann erkennen konnte und es deswegen zur Jungfrauengeburt kommen musste.

---

[20] In der Substanzenlehre gibt es neben der ausgedehnten Substanz des Aristoteles und der denkenden Substanz von Descartes auch Freuds ‚genießende Substanz', die Libido.

[21] Genesis 3; 6

Auf jeden Fall ist klar, dass weder die Schreiber der Bibel, noch Physiker und auch nicht die Psychoanalytiker den letztlichen ontologischen Schlüssel, das Wesen dieses ‚genießenden Seins‘ gefunden haben. Er muss im Wesen dieses ursprünglichen körperlichen (was nicht heißt physischen) Selbstgenießens liegen, worauf auch der Schatz der grundlegenden Verinnerlichung beruht, und warum ich schreibe: Verinnerlicht Euch, um an diesen Schatz zu kommen! Hört auf, euch draußen herumzutreiben mit sinnlosen Klicks in die Social-Media-Kanäle. Das wahre Medium haust nicht im physischen Körper, sondern im Unbewussten, das auch Körper hat, aber einen – wie der göttliche Geist – ohne Gestalt! Ich sage jetzt nicht „Eritis sicut deus,“ ihr werdet sein wie Gott.[22] Was ich gar nicht so tragisch finde, denn es hat ja nicht geheißen, ‚ihr werdet Gott sein‘, sondern nur w i e er, also sein bekanntes ‚Ebenbild‘.

Freilich lässt sich wiederum argumentieren, dass die ‚Jouissance‘ nur vor einem Hintergrund existiert, der diesmal der der Unlust, des Grauens und all der Scheußlichkeiten ist, die die Lebewesen, vor allem die menschlichen, sich antun. Alle Maßstäbe, die ganze Gesellschaft, alle Bezugsgrößen, alle Standards, können dagegen nichts ausrichten. Damit kann ich zurückkommen zum weiblichen Überich und zum Patriarchat. Tatsächlich hat es sich nicht

---

[22] 1 Moses, 3:5, was ich gar nicht so tragisch finde, denn es hat ja nicht geheißen: ‚ihr werdet Gott sein‘, sondern nur w i e er, also sein bekanntes ‚Ebenbild‘.

nur um die These gedreht: ‚was ist das, ein Vater? Seit dem
Auftreten des Monotheismus wurde dies zwar stetig zu einer wichtigen Frage aufgekocht. Lange Zeit war bei den
Primärvölkern noch der Fluss- oder Baumgeist der Vater,
denn als es in den Wellen oder den Blättern gerauscht und
geraschelt hat, war die Frau schwanger – so dachte sie jedenfalls.[23] Später war es – Freud zufolge – derjenige, den
die Urbrüder-Horde ermordet hatte und der aus Schuldge-
fühlen dann zu einem Gott erhoben wurde. Doch heute ist
er, wie A. Mitscherlich in seinem Buch ‚Die vaterlose Gesellschaft' meinte, ganz ausgerottet. Es gibt also Väter in
den verschiedensten Formen und Größen, man kann das
auf keine Einheit zuschneiden, schon gar nicht auf die
Spermatozoen, die den genetischen ‚Vater' ausmachen,
und nicht den Vater als solchen, den Vater per se.

Um vom Vater als einer Figur, einer Person und Obrig-
keitsgestalt, aber auch Vision und Projektion wegzukom-
men, hat Lacan in der Nachfolge Freuds den ‚Vater-Na-
men' zum Angelpunkt bewusster und unbewusster Identi-
tätsbildungen erwählt. Nicht mit dem Vater sollte man
sich einlassen, sondern nur in dessen Namen, in nomine
patris, sprechen. Man sollte sich unter seinem Wappen,
seiner Dominanz, seinem Urbild, seiner Überfunktion ver-
sammeln. Freilich liegt da ein Gott nahe, aber der ist dann
immer auch gleich noch der Weltschöpfer und kommt so
mit der Evolutionstheorie in Konflikt. Das paternale

---

[23] Zweite Form der Identifizierung.

Primat funktioniert heute nicht mehr so wie früher, so patronistisch, so verherrlichend.

Vielleicht ist so eher noch der Bezug auf das Weibliche sinnvoll. In Meditation und im indischen Yoga wird oft davon geredet, man solle Hingabe und Empfänglichkeit gegenüber dem innerlich Geistigen entwickeln.[24] In den westlichen Zivilisationen wird so etwas als Gefühlsduseliges á la Rosamunde Pilcher abgetan, einseitig konservativ, Mädchen und Mutter. Nicht Frau. Und dies vor allem, seitdem eine Frau das Buch Frankenstein or The Modern Prometheus (allgemein Frankensteins Monster genannt) geschrieben hat. Denn das Monster gehört wie Hingabe und Empfänglichkeit zum Weiblichen. Das bewies am besten die kleine Lumi, die die Monsterspiele, Gekreisch und Kuschelspaß, mit ihrer Mutter liebte.[25] Doch als sie die Mutter drängte: „Mach weiter, immer weiter, hör nicht auf", war der Mutter mulmig zumute.

Die mit dieser Geschichte befasste Psychoanalytikerin Saketopoulou meinte, das Kind wollte weniger überwältigt werden, als überwältigt sein. Nichts ist schöner als das, nämlich von der liebevollen Muttergöttin in Form ihrer Monstergestalt überwältigt zu sein. Aber könnte man so gesehen nicht auch von sich als Narzisst, als Wanderer in euphorisierter Natur oder als Meditierender und damit

---

[24] Singh, K., Die Krone des Lebens, Gunter-Verlag (1972)
[25] Saketopoulou, A., Der Drang zur Überwältigung, PSYCHE Nr. 4 (2020) S. 239-279

einem Vertrauten des Todes, vom Wesen des Seins, überwältigt sein? Ja, natürlich, um genau dies geht es bei der
Verinnerlichung, bei der man mit beidem, dem Werden
und dem Sein, als Vertrauter des Todes in Berührung
kommt. Doch es wird eine positive Lösung geben.

Denn Lumis Mutter war in einem Dilemma, sie wollte das
Kind nicht zurückstoßen und sich ihm verweigern, nach-
geben konnte sie aber auch nicht. Saketopoulou schreibt
nicht, wie die Sache ausging, aber ich denke mir, die Mutter wird nach einiger Zeit gesagt haben, dass das Monster
müde ist, keine Kraft mehr in den Pranken hat und eine
längere Pause machen muss. So hat sie Vertrauen in den
Tod, der sie als Monster hochpusht und als Mutter lahm-
legt hätte, umgangen. Aber eines Tages wird Lumi das
weibliche Überich, das Fee und Monster zugleich sein
kann, in seiner Gänze kennenlernen und sich ihm stellen
müssen, wenn man davon ausgeht, dass diese Zentralfigur
des Unbewussten diejenige eines Ur-Vaters (Vater der
Vorzeit) gut ersetzt. Oder nicht?

Wie gesagt, das patriarchale, wortgewaltige Über-Ich
würde aus ihr zwar eine gute Hausfrau, eine brave Sekre-
tärin und eine normale, an die Psychoanalytiker-Commu-
nity gut angepasste Therapeutin machen. Aber die wahre
Verinnerlichung kann nur erfolgreich sein, wenn auch das
faszinierend-betörende, bild-blick-wirkende weibliche
Überich berücksichtigt wird. Dazu muss man sich nicht
nur in der Skala von der Fee bis zum Monster, sondern
auch in vielen weiteren Formen weiblicher Identität

auskennen. Davon versteht allerdings nur der Therapeut etwas, der weiß, dass dieses ganze Vater-Gerede sich ja ohnehin nur vor dem Hintergrund des Ur-Weiblichen abspielt, das ex-sistiert, wie Lacan schreibt, das also von außerhalb (ex) der ganzen wunderbaren psychoanalytischen Theorie her in ihrem Wesen beharrt (sistiert).

Nun ist das Überich – egal welcher Art – etwas Bestimmendes, das von innen her Einfluss auf das menschliche Seelenleben nimmt, wobei das väterliche Überich von den verinnerlichten Weisungen, Geboten, Befehlen, also abgezirkelten Anleitungen und Pflichten herkommt. Das weibliche Überich dagegen ist also flexibler, unkontrollierter, weicher und so vexierhaft bestimmend auf Mitgefühle, Verführungen und Vielschichtigkeiten, die alle gar nicht aufzuzählen sind. Als Angelpunkt für die psychoanalytische Arbeit hielten es die Theoretiker daher für nicht so geeignet. Sie hatten wohl Angst, dass einem bei den Verinnerlichungen der Tod begegnen könnte, der dann eben wie ein Monster, eine Hexe oder eine männermordende Sexgöttin aussieht, in deren Sphären Lumis Mutter ihre Tochter nicht jetzt schon zu weit hineinführen möchte.

Denn Feinde von außen, die einen schnell umbringen können, scheinen beherrschbar zu sein, zumindest kennt man sie. Die von innen dagegen ex-sistieren, holen einen nicht nur mit Krebs und Schizophrenie ein, sondern vor allem mit Dunkelheit, Leere und eben dem unsichtbaren, inneren Tod. Ich habe bereits die universale ‚göttliche Frau' erwähnt, die es so freilich nicht gibt, aber als zentralen

Fixpunkt könnte man dennoch viel besser Iokaste, die Frau und Mutter des Ödipus heranziehen. Warum sollte Ödipus sie nur aus einem Inzestwunsch geheiratet und seinen Vater aus Rivalitätsgehabe getötet haben, wie Freud es interpretierte, weil er solches bei den Neurotikern als krankhaften Komplex diagnostizieren konnte? Es hätte doch auch die manische, psychotische Faszination gewesen sein können, die Iokaste als schöne, reiche und intelligente Frau und – noch dazu – als Königin! in den Augen von Ödipus zum bestimmenden Fixpunkt eines weiblichen Über-Ichs hat werden lassen! Den Vater hat er dann nicht wegen der sexuellen Rivalität getötet, sondern weil er ihn für einen Nichtsnutz hielt, der dieser ‚universalen, göttlichen' Frau nicht genügen konnte.

Schließlich wird in der Ödipus-Sage stets die Sphinx vergessen, eine Urform dieser Superfrau, die noch einen – wenn auch schon menschlich vollbusigen, so doch unterhalb einen wahrscheinlich männlichen, löwenartigen Tierkörper hat. Wow, ihr gegenüber sind doch all die Popikonen der heutigen Zeit lächerliche Abwaschpuppen! So rückte auch die Psychoanalytikerin J. Le Soldat die Sphinx in den Mittelpunkt der Ödipus-Geschichte, und das Drama um das Königspaar und deren Sohn wird Nebensache.[26] Es verhält sich wohl so, dass man dieser ursprünglich matriarchalen Geschichte später die von der aufstrebenden

---

[26] Le Soldat, J., Eine Theorie menschlichen Unglücks, Fischer (1994)

Intellektualität der Griechen gezeichnete Ödipus Saga drauf- und entgegensetzte. In dieser Saga wird aus der Muttergöttin die männerfressende Sphinx, der der griechische Königssohn Ödipus nunmehr Paroli bieten kann, weil er mit Kenntnis über den Sadomasochismus reüssieren konnte. Üblicherweise wird das Rätsel der Sphinx von den Wesen, das anfangs zwei, dann vier bzw. drei Glieder (Beine) hat, so gedeutet, dass man im dritten Glied bzw. Bein, den Stock des alten Mannes sehen soll. Doch – ehrlich gesagt – ist das nicht die Version, die man kleinen Kindern erzählt?

So eine gewaltige, animalisch-weibliche Figur gibt einem doch nicht ein derart flaches Spießbürgerrätsel auf, da ist schon mehr dahinter, nämlich der privilegierte Signifikant der Psychoanalyse, der – wie Lacan sagt – ‚phallus symbolique‘, das Phallussymbol, das dritte Glied in der Saga. Mit dieser Deutung, dass die Sphinx ihn, Ödipus, mit seinem eigenen, männertypischen Begehren ködern will, besiegt er sie, scheitert dann aber bei der scheinbar universalen Frau, die schön, reich, königlich und damit fast göttlich zugleich ist, bei der Überfrau also, die, weil sie zudem auch noch seine Mutter ist, wieder zum Matriarchat, zur Unmöglichkeit des Realen zurückführte. Die matrilineare Naturerotik war immer noch stärker als der männlich-väterliche Kulturmensch. Aber wofür erzähle ich alle diese mythischen Geschichten, wo es doch um die Verinnerlichung gehen soll?

Nun, ich muss ein wenig über das psychoanalytische Denken schildern, schließlich ist das ja auch Verinnerlichung, wenn auch zu theoretische und zu wenig praktische. Der Bild-, Blick-, Visions-Charakter der Sphinx Geschichte und der Wort- und Phrasen-Charakter von Ösdipus zeigt deutlich, wie man die beiden Grundkräfte, das blickliche Bild- und das fluide Wort-Wirkende, speziell in ihrer Kombination wissenschaftlich gut, gelungen und ausgereift, auch im Sinne der Psychoanalyse, zusammenbringen kann. Denn für meine Vorstellung einer heutzutage dringend notwendigen Verinnerlichung, ist solch eine Zusammenfügung entscheidend. Eine solche versuche ich eben in dem Verfahren der *Analytischen Psychokatharsis* zu vermitteln.

Als Kind, gerade ein Jahr alt, wurde auch ich überwältigt, als Ärzte nicht nur meine Leistenhernie aus Notwendigkeit, sondern – bei dieser Gelegenheit zu Übungszwecken – auch den Blinddarm operierten. Wegen zu langer Narkose erlitt ich ein Durchgangssyndrom, das heißt, ich war zwei bis drei Tage benommen und schlug mit dem Kopf herum und mit den Füßen gegeneinander, sodass dort große Wunden entstanden. Ich denke, dass ich aus diesem Grund später mehrmals eine ‚schlafparalytische Lähmungserfahrung' erlebte, in der ich – und darin bestand das hier wohl negative überwältigt Sein – gegen morgens aufwachte, mich aber absolut nicht bewegen konnte. Keinen Arm, kein Bein.

Viele Menschen kennen dieses Syndrom oft auch im Zusammenhang mit Überforderung, Schichtarbeit, etc. Man
ist von sich abgeschaltet, was beim Morbus Parkinson als
Off-Phänomen bekannt ist, hier jedoch harmlosere Ursachen hat. Schon beim ersten Mal kam ich darauf, dass man
die wie weggeschalteten Gliedmaßen vielleicht damit lösen könnte, wenn ich versuchte, nur die Zehen zu bewegen. Und tatsächlich, nicht gleich, aber relativ bald, konnte
ich einen Großzehen, dann alle und dann den gesamten
Körper bewegen. Ich war überwältigt, aber die totale Pas-
sivität hatte etwas Besonderes an sich.

Ich erkannte nämlich später, dass dieser Zustand, der genauso gut oder fast besser wachparalytisch heißen könnte,
mit einer gelungenen Meditation zusammenhängt. Denn
man selbst, das Ich, das Großhirn, schläft ja nicht mehr,
und das ist etwas, was man in umgekehrter Weise in einer
Meditation zur Selbsterkenntnis und Therapie nutzen
kann. Auch in der ersten Übung im Verfahren der *Analytischen Psychokatharsis* wird versucht, die Aufmerksamkeit vom Körper wegzulenken. Der Körper ist dann total
entspannt, wie weggeschaltet, taub, gefühllos, aber doch
fast so, als stünde er ganz leicht unter Strom, was dann
auch eine kathartische, befreiende, ‚durchrieselnde' Empfindung auslöst, wie man es manchmal bei besonders bewegenden Musikstücken erleben kann: die Katharsis, Rei-
nigung, Beseligung, wie sie vielleicht der kleinen Lumi
vorschwebte und freilich früher auch von vielen Mystikern

erfahren wurde, und die etwas mit der ‚Jouissance' zu tun haben könnte.

Letztere haben diese Erfahrung mit ‚spirituellen' Inhalten gefüllt, die uns heute kurios anmuten. Ich gehe davon aus, dass das ‚Wachparalytische' wiederum mehr mit dem Bild-Wirkenden zu tun hat. Das sogenannte ‚neuronale Netz', die myriadenhaften Schichtungen im Gehirn, alles reines Bild-, Blick-, Vexier- und anderes, bis zu Halluzinationen hin spiegelndes Material, kippt an manchen unbewussten Stellen um, und schon ist man im Off des Bild-Wirkenden. Der Schriftsteller A. Akhtar schreibt, dass beim heutigen digitalisierten Bildkonsum all unsere Neigungen und Affinitäten nur noch im Bildschirm gespiegelt werden.[27] Man ist ausschließlich noch ein selbstreflektiertes Unikum, eine fratzenhafte Schönheit, ein Nonsens-Star, ein Phrasendrescher (womit ich jetzt beim Wort-Wirkenden bin, das genauso missbraucht werden kann, wenn die Kombination zum Bild-Wirkenden nicht stimmt). Denn selbstverständlich genügt die Wachparalyse nicht für die perfekte Meditation.

Weil nur die Phrasen, das Wort-Wirkende bei mir sind, im Großhirn, aber der Bildschirm, das Bild-Wirkende noch von mir abgespalten ist, wird der Körper daran gehindert, wach, beweglich zu werden. Nur was ganz weit von mir weg ist, die Zehen, kann mich wieder zur psycho-

---

[27] Akhtar, A., Das Regime der Bildschirme, DIE ZEIT vom 18. 11. 2021, S. 58

physischen Ganzheit bringen. Das Entfernteste ist einem das Nächste, so verhält es sich im Leben oft. Deswegen ist Verinnerlichung so wichtig, weil dann das Entfernteste ganz nahe werden kann! Dringt innerlich bis zu dem winzigen Punkt vor, der die Kombinationsstelle von Bild- und Wort-Wirkenden, von Leidenschaft und Tod ist, zu der ich noch weiter ausführlich komme. Natürlich sind Spiegelungen und Phrasen nicht nur Schlechtes. Phrasen, schreibt die bekannte Schriftstellerin Virginia Woolf, haben zwar ein eigenes Dasein, aber wenn die gedichtet sind wie in ihrem Buch ‚Die Wellen' (The Waves) kommt mehr heraus. „Ich liebe, sagte Susan, und ich hasse. . . Meine Augen sind hart. Jinnys Augen sprühen in tausend Lichtern. Rhodas Augen sind wie die blassen Blüten, zu denen abends die Nachtfalter kommen. . . Aber wenn wir dicht beieinander sitzen, sagte Bernard, verschmelzen wir miteinander durch Phrasen . . . .[und viel später] . . Eine gute Phrase scheint mir ein unabhängiges Dasein zu besitzen. Doch glaube ich, dass die besten wahrscheinlich in Einsamkeit zustande kommen."[28]

Das klingt wieder nicht so gut, aber egal – im psychisch Unbewussten, in der Tiefenseele, sitzen betont auch Phrasen, sagt Lacan, und zwar „ultrareduzierte Phrasen," solche also, die kaum zu verstehen sind. Als ich mir in jungen Jahren einmal laszive Phantasien ausdachte, hörte ich etwas derart Ultrareduziertes, etwa ein „hhmmmm," ein

---

[28] Woolf, V., Die Wellen, Suhrkamp (1964) S. 15

leichtes Stöhnen. Ich erschrak zutiefst. Ist da ein anderer in mir, der mit mir etwas Anzügliches teilt? Wie kann das sein?! Ich will das nicht! Ich brach alle Gedanken ab und überlegte mir, wie das Unbewusste so direkt, affektvoll und persönlich sein konnte. Ich war einen Moment lang wie gespalten. Es hatte sich eher nach einer männlichen Stimme angehört, und Freud hätte sicher gesagt, dass es sich um etwas latent Homoerotisches gehandelt hat.

Als ich später in psychoanalytischer Ausbildung war, erwähnte ich diese Geschichte in meiner Lehranalyse. Ich kam zu dem Schluss, dass es mehr mit der Stimme meines männlich-väterlichen Überichs zu tun hatte, das mir auf recht maliziöse und süffisante Weise zu verstehen gab, was man besser nicht machen sollte, nämlich Phantasien genießen. Wie idiotisch: Statt ernsthafte Beziehungen zu Menschen zu genießen, treibt man es als Neurotiker mit seinen Phantasien! Man genießt sie, genießt sie reichlich, was für ein Wahnsinn! Freilich wird es auch einen homoerotischen touch gegeben haben, der im geschilderten Fall in der männlichen Stimme bei mir herauskam. Bei Freud handelte es sich in seinen Deutungen häufig um das verdrängt Gegengeschlechtliche. Das allein reicht heutzutage angesichts der vielen anderen Großbuchstaben (LGBTQI . .)jedoch nicht mehr aus. Denn in meinem ‚Lasziven‘ ging es – wie ich erst viel später vermutete – wohl doch auch um die ‚universale, göttliche‘ Frau. Das „hhmmmm" stammte von dem Nichtsnutz, mit dem sie stets zusammenlebte, und der jetzt ich selbst war.[29]

Das väterliche Überich ist leicht zu durchschauen. Der Schriftsteller und Schauspieler E. Selge beschreibt die starren Regeln und Züchtigungen seines Nazivaters und kann sie als lächerlich deklarieren.[30] Aber als die Mutter ihn einmal mit dem Teppichklopfer verprügelte und dazu ihren Rock hochschob und seinen Kopf zwischen ihre ,nylonbestrumpften Knie' zwängte, war klar, was ein weibliches Über-Ich ist: eine liebevolle Schlagelust, ein Spiel mit dem Inzestuösen, eine pervers angehauchte Normalität, die Mutter und Sohn, beide, so gerade noch irgendwie selbst bemerkten. Ich habe am Beispiel der Sphinx in der Ödipus Sage gezeigt, dass auch sie ideal das weibliche Über-Ich repräsentiert, und die Griechen ihr dann - rein aus Scham – die väterlich-männliche Version der Sage übergestülpt haben, in der Ödipus zwar seine Mutter heiratet, sich mit ihr aber nicht mehr der Schaudererotik und der libidinösen Aggressivität hingibt.

Nun sind dies alles Beispiele für eine nicht so gute Verinnerlichung unter der Domäne des weiblichen Über-Ichs,

---

[29] Die Muttergöttinnen hatten meist jugendliche Könige an ihrer Seite, die jedes Jahr geopfert werden mussten, um Platz für neue, königliche Liebhaber zu machen. Wie ich in meiner Erfahrung hatten sie keine eigene Stimme, und so sprach mein Unbewusstes aus, was geopfert werden sollte, nämlich ich als Nichtsnutz.

[30] Selge, E., Hast du uns endlich gefunden, Rowohlt (2021)

das sich nicht so sehr der Phrasen bedient, sondern mehr der ‚Visionen‘, des Luziden und scheinbar Hellsichtigen. Sie sind es, die in der Verinnerlichung zuerst eine Rolle spielen können, so beispielsweise in der ersten Übung der *Analytischen Psychokatharsis*. In ihr können erinnerungsbezogene oder andere Bilder aus dem Unbewussten auftauchen, die erschreckend oder faszinierend sein können, doch sie werden mittels des zentralen Instruments der Methode – der später zu erwähnenden *Formel-Worte* – auf Distanz gehalten. Nur das Luzide als solches bleibt erhalten und ermöglicht die mit der weiblichen ‚Jouissance‘ verbundene Katharsis, Befreiung, Beseligung. Die *Formel-Worte*, sich selbst überlappende Formulierungen, sind kein Über-Ich mehr, sondern durch die Überlappung scheinbar nichts-sagende mehrere Bedeutungen und so aber gerade das Unbewusste herausfordernde ‚Schlüsselelemente‘.

Dazu passt die Geschichte des von J. Weizenbaum 1966 entwickelten Computerprogramms ELIZA, das die Möglichkeiten der Kommunikation zwischen einem Menschen und einem Computer über natürliche Sprache aufzeigen sollte. Die Menschen erzählten dem Computer ihre Gedanken und Nöte und waren begeistert, weil sie wussten, dieser digitalisierte Psychoanalytiker blieb sicher neutral zugewandt und ohne persönlichen Einfluss. Allerdings war die Software viel zu dürftig und schnell durchschaubar, sodass keinen wirklich heilenden Effekte zustande kamen.

Dies behaupten jedoch die Leute vom Sprachmodell OpenGPT-X bessern zu können.

Die Managerin dieser Dialog-Methode sagt: „Die Menschen werden immer natürlicher mit Computern sprechen", und verkündet eine große Zukunftsvision.[31] Aber was heißt hier ‚natürlicher'? Das übliche Gealbere und Gesalbere, das Lügen und Missverstehen, mit dem die Menschen täglich kommunizieren? Wir brauchen einen Weisheitslehrer, keinen Maschinen-Kommunikator. Der beste Dialogpartner sitzt in einem jeden selbst. Geht nach innen! Seht dort selber nach! Werdet zur Pythia eurer selbst, wenn ich es einmal so mythisch und parapsychologisch sagen darf. ChatGPT wird faszinierend sein, aber in einer selbstanalytischen Therapie geht es nicht ums alltägliche Gespräch, selbst nicht ums hochgeistige Kommunizieren, sondern darum, etwas vor einem Anderen zu enthüllen, zu beichten, einzugestehen, gerade weil man nicht ganz genau weiß, was der Andere daraus macht.[32]

Auch das männlich-väterliche Über-Ich wirkt sich so gesehen nur etwas verhaltenssteuernd aus, es hat den Charakter von dem, was man bisher das Gewissen genannt hat. So meinte ich während der besagten Lehranalyse auch

---

[31] Meier, C. J., Computer denkt an Regen, SZ vom 29. 12. 2021, S. 14

[32] In der *Analytischen Psychokatharsis* ist der *Andere* in einem selbst aktiv und regelt das Eingeständnis in authentischerer Weise wie noch deutlich zu erklären und zu beweisen sein wird

einmal, dass ich mehr als dreißig Ausbildungsstunden nicht benötigen würde, hielt diesen Satz aber dummerweise zurück. Gottseidank hat mir mein Lehrtherapeut auch ohne diesen Satz bei anderen Gelegenheiten gedeutet, dass ich ihn nur von seinem Sockel herunterstoßen und ihn also wie Ödipus seinen Vater töten wollte. Klar, mit dreißig Stunden funktioniert die Ausbildung nicht. Aber auch nach einer fünfminütigen Verspätung, mit der ich einmal zu ihm kam, erhielt ich diese Deutung. Unpünktlichkeit sei eine fast tödliche Missachtung. Da war er dann doch wieder der Überich-Patriarch, der mein Gewissen strapazierte.

Dieses Resultat habe ich trotzdem positiv für mich verinnerlicht, denn es hat ein bisschen dazu beigetragen, dass ich mich von der klassischen Psychoanalyse mehr zu Lacan und seiner Ebene der ‚logischen Struktur' hin bewegt habe.[33] Die Struktur der Logik, das klingt freilich anspruchsvoller und wissenschaftlicher als der Vatername oder die Frauenmagie, aber ist etwas rein Logisch-Mathematisches wirklich besser? Für die Theorie ja. Aber das Verinnerlichen ist in erster Linie eine Praxis, und um die musste ich Lacan noch bereichern.

Meine Ausführungen haben bisher noch nicht die wissenschaftliche Höchstform erreicht, aber ich wollte schon in den Eingangskapiteln den Grundriss meines Verfahrens

---

[33] Lacan, J., Seminaire Nr. XIX, Ed. Seuil (2011) S. 104. Ich habe den Begriff erweitert in Richtung ‚logische Selbststruktur'.

zur effektvollen Verinnerlichung aufzeigen. Mit anderen Worten: Es handelt sich um erste, nicht ganz knapp geschilderte Vermutungen, wie sie beispielsweise auch in der mathematischen Konjekturalwissenschaft genutzt werden.[34] Weitere Belege werden folgen. Ich könnte auch – erneut Lacan folgend – von einer Wissenschaft v o m Subjekt sprechen, in der die ‚genießende Substanz‘ eine Hauptrolle einnehmen wird, aber die völlig verdinglichende Naturwissenschaft wie auch die viel zu spekulative Geisteswissenschaft vermieden wird.

---

[34] ‚De conjectura‘ hieß die bereits von Nikolaus von Kues verwendete Vermutungswissenschaft. Es geht um freie Vermutungen, die sich durch weitere Vermutungen immer mehr zu etwas Zutreffendem hin verdichten, bis ein letztlicher Schluss feststeht.

3. L'Homme Révolté

Zuerst einmal muss man der Psychoanalyse recht geben, dass das phallische Symbol (oft mit dem griechischen Buchstaben Φ (Phi) geschrieben) – der für beide Geschlechter gleiche amouröse Stolz, das gleiche hypertrophe Selbstvertrauen, Verschmelzungsphantasma, Lustparanoia, etc. – etwas Zentrales ist. Freud hat es anhand einer sich wie beim Wasserfall entladenden Triebkraft als die Hauptindikation der Libido dargestellt, die für Männer direkt zutrifft und indirekt auf die Frauen umgelenkt, sich in ihnen zum ‚fließenden Rhythmus' wandelt und zum Kreis schließt. Φ hat mit dem Symbolischen, dem Wort-Wirkenden, zu tun, dem Lacan nebenbei auch dem Tod zuordnet, da das ganze Gerede der Welt sich immer in Anders- und Gegensprüchliches verwickelt. Nie wird somit wirklich das gesagt, was ist, und schuld daran ist das psychoanalytische Primat von Φ.

Zweitens will ich nochmals Gewicht auf das Imaginäre legen, auf das Bild-Wirkende, auf die – wie Lacan sagt – Kraft ‚ultrasubjektiver Ausstrahlung' des Schautriebs, des Kathartischen. Sie kann eine enorme Sublimierung, Verfeinerung, Animierung des Triebs besorgen, die – wie erwähnt – in den menschlichen Körpern das Genießen, die ‚Jouissance' zu wecken vermag, wenn auch in uferlose Vereinzelungen des Bild-Wirkenden gehend. Schließlich hat das Genießen die Evolution begleitet und sich dabei vielseitig gewandelt, bis es – tief verdrängt – zum

Menschen gelangt ist. Auch hier war der Tod zu Hause, nur erinnert sich der Mensch nicht mehr daran. Er hat den Zugang dazu verloren, weil er zu viel vom Baum der Erkenntnis gegessen hat. Erkennen ist gut, aber begreifen ist besser. Die eigentliche ‚Jouissance' und das durch sie in der Verinnerlichung Weiterführende ist das Begreifende.[35]

Nun kommt noch das Dritte, das Reale, das unmittelbar Wirkende, dessen Bezug zum Genießen ich gerade oben versprochen habe, besser zu klären. Ich bilde dazu Lacans Schema des Borromäischen Knotens, verkürzt Bo-Knotens, hier ab, weil so am ein-

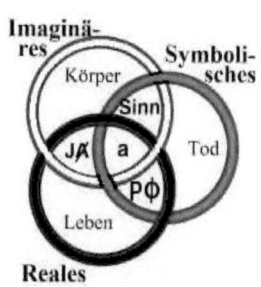

fachsten die verschiedenen Wirkungsformen in ihrer Zueinanderstellung zu begreifen sind. Dabei soll anfangs genügen, dass in der Kreisschlinge des Symbolischen der Tod steht, der sich das ‚Plaisir phallique' (PΦ) mit dem Leben des Realen teilt. Die ‚Jouissance', das eigentliche Genießen dagegen, teilt sich das Reale mit dem Imaginären in JA. **A** steht für den *Anderen*, in dem jetzt die genannten Pflanzen-, Bakterien- aber auch Menschen-Körper vereint sind, die aber die ‚Jouissance' (J) nicht ganz perfekt vermitteln, weshalb **A** (eine Lacansche Spezialität) quergestrichen ist. Der Sinn dagegen ist nur eine

---

[35] Es wird in der zweiten Übung der *Analytischen Psychokatharsis* eine Rolle spielen, wovon ich später berichten will.

Angelegenheit der imaginären Vorstellungen und des Sprechens.[36]

Als JA geschrieben wäre das Genießen tatsächlich das Universale, göttlich Menschliche, das alles Überfliegende, dem man sich eben nur durch die angemahnte Verinnerlichung nähern kann. Denn die Verinnerlichung gleicht dem, was man in der Psychoanalyse eine Regression nennt, einen Rückzug auf seelische Frühstufen und die ‚substance jouissante'. Der Schriftsteller und Philosoph A. Camus hat eine solche Regression in seinen schriftstellerischen und politischen Werken versucht, aber die volle Wirkung seiner Bemühungen konnte er wegen seines frühen Unfalltodes nicht mehr erreichen. In seinem Buch ‚L'homme Révolté' (Der Mensch in der Revolte) geht er darüber hinaus, dass Revolten nur gegen die Herrschenden und Reichen, gegen die Militaristen und Unterdrücker anzuzetteln, gut sind.

Er will, dass der Mensch die, bei ihm ‚mittelmeerisch' genannte, ‚substance jouissante', erreicht, indem er sich auch gegen das Absurde und Abgründige des menschlichen Seins von innen her auflehnt. Er ist bereits ein beginnender, intensiver Verinnerlicher. Der Mensch soll sich wehren gegen transzendente Sinngebungen, gegen vernunftorientierte Philosophien, politische Ideologien und gegen die im Exaktheitswahn agierenden Wissenschaftler, denn

---

[36] Die anderen Begriffe im Schema des Bo-Knotens kommen noch in späteren Ausführungen zum Zug.

sie alle beseitigen das Absurde und oft so sinnlos Erscheinende des menschlichen Lebens nicht. Sie revoltieren alle nur oberflächlich und nicht umfassend, verinnerlicht genug, konstatiert er. Der Mensch in der Revolte muss ganz zurück in sich hineingehen, ins Elementar-Seelische, wo nichts mehr absurd ist.

Eigentlich soll man – so muss man Camus verstehen – gegen alles revoltieren, das nicht genügend humanitär ist, vor allem gegen den „Hochmut, wie ihn die Politiker so oft vermitteln". Man sollte für eine neue „Solidarität" kämpfen, für eine humanitäre Gemeinsamkeit, für das pralle Leben und ein Wir „gegenseitiger Liebe" – wie Camus oft mehr oder weniger schwärmerisch sagt. Schon Sisyphos stemmte sich in Camus' gleichnamigem Buch gegen die „Gewissheit eines erdrückenden Schicksals," wie es auch der moderne Fließbandarbeiter erleidet. Doch dieser sei „selbstbestimmt," und so meinte Camus, man müsse diesen modernen Sisyphos einen „glücklichen Menschen" nennen.

Das klang freilich zu krass und paradox. Da war nicht genug Regression ins tiefe Innere dabei, aus der heraus das Glück zu realisieren ist. Sich nur dazu umzunennen, umzutaufen, genügt nicht. Letztendlich findet Camus dafür, wie seine „permanente" und „gemeinsame Revolte" wirklich aussehen soll, nur den Weg, den er schließlich das „menschliche Maß" nannte, das sich hauptsächlich vom demokratischen Denken und von einem nicht näher definierten humanitären, homerischen und mediterranen

Gefühl speist. Doch Gefühle allein genügen ebenso nicht
für die gelungene Verinnerlichung. Das „mittelmeerische
Maß" war für ihn ein innerer Aufruhr, den er von der griechischen Antike und von seiner Kindheit in Algerien als
starke emotionale Selbstbestätigung her kannte.

In seinem letzten Roman kehrt Camus in diese Kindheit
zurück, zu dem „brausenden jungen Blut, dem unersättli-
chen Lebenshunger, der ungestümen, gierigen Intelligenz
. . . ganzzeitig ein Freudenrausch . . . mit den Spielen des
Meeres, des Windes, der Straße, unter dem Druck des
Sommers und den schweren Regenfällen des kurzen Win-
ters, ohne Vater, ohne überlieferte Tradition . . ."[37] Die
Sucht nach Leben, nach praller Vitalität und mitmenschli-
cher Power ist Camus' großes Thema. Mit dem „menschlichen Maß" sind jedoch auch eigene Schwächen und Ver-
wirrungen verbunden. Camus kann also dieses Maß nicht
exakt genug beschreiben und schon gar nicht verwirklichen und selbst leben.

Dabei geht er durchaus kritisch mit sich selbst um, seine
Seele, sein Selbst, ist aufgewühlt, nach außen und nach innen, verzettelt sich aber immer wieder in zu vielen und zu
emotionalen Argumenten. „An vielen Stellen des Textes
[von L'homme Révolté]," schreibt auch Camus' Biogra-
phin I. Radisch, „leuchtet eine paradiesische europäische
Ursprungswelt auf . . . einfach, griechisch, maßvoll, natur-
schön, tolerant, bescheiden, mediterran, der menschlichen

---

[37] Camus, A., Der erste Mensch, Rowohlt (1997) S. 233-34

Natur und dem Glauben an das Leben verpflichtet. Ihr steht das moderne Europa gegenüber . . . maßlos, hybrid, städtisch, fortschrittlich, zerstörerisch, diktatorisch, hässlich, naturfern, terroristisch, nordeuropäisch, imperialistisch."[38] Dennoch war Camus für uns, die wir eine Generation jünger waren und die wir heute zwei Generationen älter sind, ein Idol. Seine Bücher verkörperten etwas Existenzialistisches, etwas trotzig Lebendiges, eine nachahmenswerte Verinnerlichung, die wir nach dem Ende des Zweiten Weltkrieges gebraucht haben.

Doch objektiv und für heute betrachtet ist Camus' verinnerlichende Revolte wohl zu sentimental und wissenschaftskulturell ungenügend. Es wird, wie gesagt, nicht immer klar, was mit all diesen Ausdrücken gemeint ist, auch wenn sie die Sprache eines aus tiefstem Herzen denkenden Mannes vermitteln. Meines Erachtens hängt diese Unklarheit des eigentlichen Camus'schen „menschlichen Maßes" mit dem zu krassen Begriff des Absurden zusammen. Warum sollte menschliches Wesen und menschliche Existenz von vornherein so völlig absurd sein? Da Camus' Leser ihm vorwarfen, dass sich alle umzubringen hätten, wenn das Leben so absurd sei, musste er Umwege erfinden, die den Kampf für einen Lebenssinn rechtfertigen würden. Diese Umwege wurden jedoch zu lieblich, zu philosophisch-narrativ, und das Absurde erschien mehr und

---

[38] Radisch, I., Camus, Rowohlt (2013) S. 240, 241

mehr wie eine durch ‚Spirituelles' verführte Depression oder einfach ein anderes Wort für etwas Negativierendes.[39]

Im Grunde genommen hat Freud sich ähnlich ausgedrückt. Seine Psychoanalyse war sehr wohl eine Methode der Verinnerlichung, auch wenn sie zu biologisch, theorielastig und eben auch eher pessimistisch vorging.[40] Sie ging von dem erwähnten Unbewussten, von unbewussten, verdrängten und verschobenen Anteilen des Selbst und den verinnerlichten, triebbezogenen, psychischen ‚Objekten' aus. Das Unbewusste ist das von abgespaltenen seelischen Komplexen Entstellte, es „ist das Kapitel meiner Geschichte, das weiß geblieben ist oder besetzt gehalten wird von einer Lüge," von einer Selbsttäuschung, von einem Nicht-Wissen-Wollen oder -Können, was mit einem los ist.[41] Es kann ungesteuerte Aggressivität oder blinder Narzissmus sein, zu starke Eigenliebe, die diese Lüge und Täuschung des Selbst besorgen, sodass eine tiefer gehende Verinnerlichung notwendig ist, die bis zum *Anderen*

---

[39] Ich schreibe ‚spirituell' in Anführungszeichen, da es kein wissenschaftlich gefestigtes Wort ist. Für mich ist damit eine mehr imaginär betonte Ordnung gemeint, eine Ordnung, die aus Mustern, Schemata oder rein bildhaften Gestaltungen (wenn auch oft göttlichen Blicken) ohne viel sprachliche Hinweise besteht, während der denkende Geist mehr der sprachlichen Ordnung zugehört.

[40] Goebel, E., Jenseits des Unbehagens, transcript (2009), wo der Autor die Todestrieb Hypothese schwer pessimistisch kritisiert.

[41] Lacan, J., Schriften I, Walter Verlag (1980) S. 98

außerhalb und innerhalb von einem selbst gehen muss. „Eigenliebe übertrifft alle Schmeichler," schrieb schon La Rochefoucault.[42] Und Aggressivität alle Lüsternheit.

Vom *Anderen*, **A**, habe ich schon gesprochen. Unbewusst ist von bedeutenden, also groß zu schreibenden Anderen außen (Eltern, Lehrern, bedeutenden Bezugspersonen, Psychotherapeuten) introjektiv der/das *Andere* (Lacan: l'Autre) innerlich gebildet worden. Lacan will damit erreichen, dass es sich beim *Anderen* nicht um eine Abstraktion handeln soll, aber doch um konkrete Sprachfähigkeit, Authentizität, Bedeutsamkeit. Und so kann **A** hilfreich sein bei der noch weitergehenden Verinnerlichung. Die unbewusst in der Kindheit vollzogenen Verinnerlichungen und Introjektionen des äußerlich Anderen, weisen Fehler auf, und exakt deswegen sind ja Verbesserungen durch ein neues, wissenschaftlich begründetes Verfahren der Verinnerlichung, wie ich es propagieren will, notwendig.

Vielleicht hätte Camus ein Buch mit dem Titel ‚Le Moi' – oder ‚L'individu' Révolté (Das Selbst in der Revolte) – schreiben sollen, um diese persönliche Verinnerlichung herauszuheben. Doch hätte dies wohl zu sehr ichbezogen geklungen, und dass das Individuum allein für sich revoltiert, könnte eine psychische Krankheit sein. Es wäre dann sogar eine Aufforderung zu mehr Egoismus oder Eigensinnigkeit gewesen, worum es freilich auf keinen Fall

---

[42] La Rochefoucault, Maximen und Reflexionen, Reclam (2005) S. 3

gehen sollte. Ich gehe jedoch vorerst einmal vom Selbst im Sinne der psychoanalytischen Selbst-Psychologie aus, und lasse es eine Kombination aus unbewussten Selbstanteilen (zusammengesetzt aus Bild- und Wort-Wirkendem) sein.

Neben Camus waren zu dieser Zeit auch Sartre, der Philosoph E. Cioran, die Filmtheoretiker der ‚nouvelle vague‘ oder der Filmemacher Luis Buñuel Idole der jungen Generation. Sie agierten genauso gegen Widersinniges und gegen die Fragwürdigkeiten der menschlichen Existenz und wurden von uns geliebt. E. Cioran, der Nihilist par excellence, drückte sich tatsächlich so aus: Welche Form das Leben des Menschen auch immer annähme, es hindert ihn, zu diesem wahren Genuss zu kommen, nach dem er letztlich unaufhörlich strebt: die Wonnen des Anorganischen, die Lust des Nichts, die Katharsis des Todes. Der Schriftsteller Jean Améry empfahl sogar lauthals den Selbstmord, den er dann auch beging. Eine konkrete oder gar therapeutische Praxis für den Umgang mit diesem Widersinnigen fand damals jedoch keiner.

Und so ging auch die erwähnte studentische Revolte, die bis in die achtziger Jahre hineinreichte, nicht von der tiefsten Stelle der menschlichen Psyche aus. Sie wusste nichts von der imaginären (bildhaften) / symbolischen (worthaften) Ordnung der Seele. Sie richtete sich gegen überkommene Traditionen, gegen sexuelle Verklemmung, und entwickelte mit der Psychedelik eine eigene Orientierung wie die Hippiebewegung in Haight-Ashbury oder Timothy

Learys LSD-gesteuerte ‚Bewusstseinserweiterung',[43] die auch D. Hopper in seinem Film ‚easy rider' feierte und J. Kerouac, in seinem Buch ‚On the Road' zelebrierte. Es ging „um ein Lebensgefühl des ständigen Unterwegsseins, der hyperaktiven Suche nach dem ultimativen Kick, der Grenzüberschreitung und Grenzerfahrung. Man stolpert von einer Kneipe in die nächste, . . geht ständig ins Kino, um sich dort experimentelle, französische Filme anzusehen, jobbt als Barmann oder Seefahrer, probiert Drogen und experimentiert mit sexuellen Erfahrungen, . . und diskutiert . . über die perfekte Künstler-Gesellschaft."[44]

Alles Liebes Spielchen – à la Pynchon – mit dem Tod im Hintergrund, was Lacan so kommentierte: „Es gibt tatsächlich in der Liebe immer irgendeine Wonne des Todes, eines Todes jedoch, den wir uns nicht selbst auferlegen können."[45] Es hat etwas mit einer ‚Verschmelzungssehnsucht zu tun, die in jedem Menschen wohnt, und die ein

---

[43] Psychedelik setzt sich aus griechisch psyche und delos (offenbar) zusammen, sollte also einen Zustand bezeichnen, in dem ‚die Seele offenbar' wird.

[44] Dietschreit, F., Kulturradio-rbb, 4. 2. 2014. Auch die nachfolgenden Psychofreaks wie A. Lowen, Fritz Perls, Carl Rogers viele andere vom Esalen-Institut für Psychotherapie- und Sozialforschung in Big Sur, Kalifornien, verursachten keine dauerhafte Revolte, so sehr sie progressiv und revolutionär zu sein versuchten und viele Künstler in ihren Bann zogen wie Joan Baez, Paul Tillich, Henry Miller, Bob Dylan, Ravi Shankar, Bruce Springsteen, Ringo Starr, Donovan und viele andere.

[45] Lacan, J., Seminar VIII, Quadriga, Sitzung vom 15. 5. 61.

mit der Liebe vermischtes Todesbegehren darstellt, in dem eine Art von Wiederholungszwang bzw. Wiederholungsgeschehen wütet.[46] Kurz: Es soll etwas völlig ausgeglichen werden oder es will etwas unbedingt wiederholt werden, was im Leben nicht gesagt, nicht eingestanden und enthüllt worden ist. Es geht um etwas versteckt Erotisches, auch Aggressives, das brisant klingt und offensichtlich ein bisschen differenzierter ist als die modernen Befreiungsphrasen und existenzialistischen Verinnerlichungen.

Den Wonnen des Todes hat man sich immer schon in mystischen Versenkungspraktiken, Meditationen, Yoga oder Psychotherapien angenähert. Man musste schon vor dem letzten Tod in diesem angenäherten Zustand 'sterben', was freilich auch in bestimmten Lebenskrisen von sich aus gelingt (z. B. durch tiefe, gelungene Trauer), ich jedoch im Rahmen dieses Buches in Form einer wissenschaftlichen Annäherung beschreiben will. Sie wird die notwendige Verinnerlichung vor allem in der Praxis der *Analytischen Psychokatharsis* ermöglichen, einem Verfahren, das Psychoanalyse und Meditation in besonders konkretistischer, enger, kompakter Weise verbindet. Es ist eine gelenkte Verinnerlichung mit sich und oft auch gegen sich. Schließlich kann man das Jenseits nur durch zwei oder mehr der besagten kleinen Tode im Diesseits verstehen, und dazu bedarf es keiner großen Askese, sondern nur einer alltäglichen Übung, die im Verlauf des Buches ausreichend und

---

[46] Lacan, J., Seminar VIII, Passagen-Verlag (2001) S. 234

nochmals zusammengefasst im Anhang in Kurzfassung dargestellt ist.

Denn der Tod ist nur von einem winzigen Punkt im Inneren her ergründbar. Als ich einmal infolge eigener Erkrankung versuchte, Hilfe durch die Anwendung meines gerade genannten Verfahrens zu bekommen, machte ich die Erfahrung, dass wohl in jedem Menschen ein derartiges punktförmiges Phänomen aufzufinden ist, das man – wie die Erfahrung des Todes – seelisch wohl nicht vollends durchdringen kann. Aber ich konnte *Es* (*Es* im Freud'schen Sinne groß geschrieben) ‚sehen‘, spüren und genießen, aber auch als etwas Schmerzhaftes erfahren. Letztlich jedoch konnte ich es auch innerlich ‚hören‘, so wie man die Deutung des Psychoanalytikers hört.

Die *Analytische Psychokatharsis* besteht nämlich aus einem (erste Übung) meditativ-kathartischen (kristallinen) und (zweite Übung) einem sprachlich-analytischen, linguistischen Teil.[47] Hinsichtlich des Ersteren achtet man in entspannter sitzender Haltung, wie auch in anderen Meditationen üblich, auf die Leere, das Nichts, das scheinbar tödliche Dunkel vor einem selbst. Dank eines nunmehr wissenschaftlich aufgebauten und der Psychoanalyse Lacans folgenden seelisch-gedanklichen Instruments (die genannten und im Weiteren erklärten *Formel-Worte*) lässt sich ein hoher Grad von Sublimierung (Verfeinerung,

---

[47] Lacans ‚linguistischer Kristall‘ korreliert wiederum mit dem Wort-Wirkenden und dem Bild-Wirkenden.

Vergeistigung, ein nach innen und oben gerichtetes Zu-
rückziehen) erreichen. So kann man den Tod von der
Ferne her sehen, aber auch hören, wie das Verdrängte zu
bewältigen ist.

Denn parallel zu den *Formel-Worten*, die in der ersten
Übung das vor einem sich horizontal ausbreitende Luzide
in gesundem Abstand hält, also es in einem – wie Lacan es
nannte – ‚Strahltpunkt' konzentriert, tauchen manchmal
spontan, sonst jedoch durch eine zweite Übung hervor-ge-
rufen, die mittels des Nach-innen-Hörens sogenannten *Pass-Worte*, Deutungs-Worte auf. Das Unbewusste
Strahlt nicht nur im ‚Strahltpunkt' des Luziden, des
Schautriebs, *Es Spricht* auch im Zentrum des Sprechtriebs:
„Ça parle dans l'inconscient", *Es Spricht* im Unbewussten,
wie Lacan oft wiederholte.

Im weiteren Vorgehen, nämlich in dem sich mehr und
mehr ausweitenden *Es Spricht* hin zur sprachlich-linguis-
tischen Verfeinerung, Sublimierung, lässt sich sogar eine
klärende Lösung und damit eine Vollendung der Verinnerlichung durch die *Pass-Worte* zustande bringen, wozu ich
noch ausführlich Stellung nehmen will. Vorerst nur so
viel, dass die perfekte Verinnerlichung die wahre Revolte
verkörpert, also die mit und in gewisser Weise auch gegen
sich selbst, und nicht eine gegen andere, nicht die zorn-
erfüllte, die „ohne *Contenance*, ohne Haltung ist," wie

Byung-Chul Han schreibt.[48] „Diese Empörungswellen. . bilden kein stabiles Wir, das eine *gesamtgesellschaftliche Sorgestruktur* aufwiese. Auch die Sorge der sogenannten Wutbürger [oder modernerweise mal wieder die sogenannten Querdenker,[49]] ist keine gesamtgesellschaftliche, sondern weitgehend eine *Sorge um sich.*" Und weiter schreibt der gleiche Autor, dass die Ilias Homers eine Geschichte des Zorns von Achilleus darstellt, dieser Zorn aber „singbar, narrativ, episch, beseelt und rhythmisiert ist", und damit etwas anderes repräsentiert als es der rein „affektive Zustand" heutiger Shitstorms im Internet oder die pseudowissenschaftlichen Pamphlete von Alleswissern sind.

Wir 68er wurden ohnehin wieder Angepasste, vielleicht nicht ganz so schlimm zwanghafte, unterdrückte Normopathen, wie sie heute in manchen psychoanalytischen Instituten bei der Ausbildung bevorzugt werden, vielleicht auch nicht solche, die brave, leistungsorientierte, strebsame Meritokraten sind.[50] Irgendwann jedenfalls versandete diese angedachte Revolte perfekter Verinnerlichung,

---

[48] Byung-Chul Han, Im Schwarm, Ansichten des Digitalen, Matthes & Seitz (2017) S. 16

[49] La Rochefoucault, in den Maximen und Reflexionen: „Man hat Mittel, Wahnsinn zu heilen, aber keines, einen Querkopf gerade zu rücken."

[50] Cremerius, J., Vom Handwerk des Psychoanalytikers, frommann-holzboog (1990) und Sandel, M., Vom Ende des Gemeinwohls, s. Fischer (2021)

so schön sie war, und entpuppte sich als Hedonismus, als sozialkritische Libertinage oder als Linkspopulismus. Keiner glaubte uns mehr und fast fingen wir an, auch keinem anderen mehr zu glauben.

In ihrem Buch ‚Deepfakes, The Coming Infocalypse' beschreibt die Philosophin und Journalistin Nina Schick, wie in einer Welt tiefgreifender Tricks, Lügen und Täuschungen es bald unmöglich sein wird, zu sagen, was real ist und was nicht. „Da die Fortschritte in der künstlichen Intelligenz, der Videoerstellung und dem Online-Trollelling anhalten, stellen Deepfakes nicht nur eine echte Bedrohung für die Demokratie dar – sie drohen, die Manipulation der Wähler in noch nie dagewesene Höhen zu treiben. Diese Krise der Fehlinformation, der wir uns heute gegenübersehen, wurde inzwischen als ‚Infokalypse' bezeichnet".[51] Es handelt sich um die klassische Gegen-Verinnerlichung, um die Revolte der und des Bösen.

Genau dem möchte ich meine Methode der unverbrüchlichen Selbstverinnerlichung entgegensetzen, die Psychoanalyse und Meditation verbindet, sodass jeder Einzelne selbst zum Zug kommt – und zwar nicht mit seinem Ich, sondern mit seiner logischen Selbststruktur, mit dem, was in ihm kristallin *Strahlt* und linguistisch *Spricht*. Mit dem *Es Strahlt* und *Es Spricht* füge ich erneut verkürzte

---

[51] Schick, N., Deepfakes, The Coming Infocalypse, Twelve Hachette Book Group (2020)

Ausdrücke – aus praktischen und definitorischen Gründen - für das Bild- und Wort-Wirkende ein.

Man sollte also mit dem innersten Selbst gegen das und mit dem in einem selbst Wütende, Verdrängte, Unbewusste, Perverse, Verwirrende, aber auch zu Kreative, Phantasievolle und Fähige agieren. Dazu reicht kein Angebot der heutigen Zeit aus, alle liefern sie nur abgehobene Theorien, aufdringliche Ratschläge und politische Meinungen. Selbst die herkömmliche Psychoanalyse reicht nicht aus, auch wenn sie das Leben vor dem Hintergrund des Todes sieht. Denkt nicht positiv, Verinnerlicht Euch selbst im Negativen, heißt die Devise, dann meldet sich das Positive von selbst!

„In der heutigen Zeit, die bestrebt ist, jede Negativität aus dem Leben zu verbannen, verstummt auch der Tod. . . Ihm wird jede Sprache genommen. Er ist nicht mehr ‚eine Weise zu sein‘, sondern nur noch das bloße Ende des Lebens, das es mit allen Mitteln aufzuschieben gilt. . . Verleugnet man den Tod um des Lebens willen, so schlägt das Leben selbst ins Zerstörende um. *Es* wird *selbstzerstörerisch.*"[52] Um das Reale der ‚Jouissance‘ genießen zu können, muss man demnach einige wenige und eigene Anstrengungen unternehmen. Man muss aus dem eigenen Bösen heraus revoltieren und nicht nur oberflächliche Entspannungsübungen machen. Die Verinnerlichung muss

---

[52] Byung-Chul Han, Die Austreibung des Anderen, Fischer (2016) S. 41-42

inmitten des *Es Strahlt* einer Katharsis und des *Es Spricht* sprachlichen Eingestehens zusammenwirken. Sterben muss zur besseren Art zu leben werden.

Haben sich nicht früher schon viele Mystiker in tödliche Einsamkeit, in Höhlen oder in die Wüste zurückgezogen und dort Ekstasen gefeiert, die wenigstens eine religiöse Erkenntnis brachten? Sie waren doch nicht nur Opfer des Todestriebs. Aber eventuell gingen sie in ihrem Selbstgenuss zu weit und starben schon, bevor sie eigentlich den Körper verließen. Kurz: Sie kürzten den Todesweg ab, von dem Freud behauptete, das Leben sei ohnehin nichts anderes als ein Zurück zum Tod, den er jedoch seltsamerweise als das Anorganische auffasste. Aber warum soll das Anorganische, warum sollen Steine tot sein? Jeder von Geologie und Mineralogie Faszinierte wird diesbezüglich heftigen Protest einlegen.

Blaugrüner Lapis, azurner Malachit, roter Jaspis, Achat, Blauquarz, wie Bernstein funkelnder Citrin, Karneol, Pyerit – alle stellen sie strahlendes Leben dar, über das wir meist mit den Füßen hinwegtrampeln. Dabei enthüllt es doch wie kaum etwas anderes das Leben im Bo-Knoten-Kreis des Lacanschen Realen. Ob im Universum oder hier unter den Menschen, speziell diese Vielheit in Konsistenz und Farbe vermittelt doch das immense Leben auch der Steine. Freilich muss man Worte haben, ein *Spricht*, ein Wort-Wirkendes, um das *Strahlt*, das Bild-Wirkende der Kristalle zur Vitalität zu erheben. Schon Jesus sagte hinsichtlich der Lobpreisung seiner Jünger, dass „selbst wenn

diese stumm blieben, dafür die Steine schreien würden."[53]
Sogar das können sie also.

Bild- und Wort-Wirkendes muss man sich so nicht als im Kampf gegeneinander agierend vorstellen, wie das bei Freuds Lebens- und Todes-Trieb der Fall ist. Beim *Es Strahlt/Spricht* geht es eher darum, ob sie gut, reif, gelungen und vital kombiniert sind. Wie erörtert hat das Tödliche mit dem *Es Spricht,* dem Wort-Wirkenden zu tun. Wir sterben an körperlichen Verletzungen, Krankheiten, etc., aber noch mehr an Worten, an falschen Anschuldigungen, Missverständnissen, Lügen und dezidiert sprachlich ausgedrückten Irrtümern. Das *Strahlt,* das Bild-Wirkende dagegen hat Beziehung zum Vitalen, zum Körpergenießen. Bei ihm gelten andere Verhältnisse. Beide Grundkräfte wirken aber an diesem einem, wie erwähnt winzigen Punkt zusammen, an dem ich ansetzen will.

Vor kurzem las ich das zur Selbstrevolte Camus' total gegensätzliche Buch von D. Eribon, in dem er seinen Kampf um Anerkennung als Homosexueller und um Befreiung aus der Arbeiterklasse in der französischen Provinz beschreibt.[54] Er war doppelt unterdrückt, obwohl er es geschafft hat, Professor der Philosophie zu werden und seine sexuelle Identität nunmehr offen und frei leben zu können. Vor über fünfzig Jahren war das Leben im Arbeitermilieu der französischen Provinz und in der sexuellen Diaspora

---

[53] Lukas 19; 40
[54] Eribon, D., Rückkehr nach Reims, edition suhrkamp (2016)

wirklich äußerst unerfreulich. Doch auch jetzt noch findet Eribon, dass die gesellschaftliche und sexuelle Situation in ihrer Problematik nicht gelöst ist. Rechtspopulistische Parteien bedrohen die linke Intellektualität und die Homosexuellen sind immer noch in ihrer ‚minoritären Subjektivität' gestört, schreibt er. Aus diesem Grund will er jetzt die Revolte.[55] Es scheint, er will genau aus dem Freud'schen Trieb-(sexuell) Struktur-Konzept (intellektuell) heraus revoltieren, in dem das Selbst eingeklemmt steckt.

Doch es ist nicht die Revolte des armen, linken Intellektuellen, sondern die des intellektuellen Schwulen. Es war vor allem die gut situierte homosexuelle Community, die ihm letztlich bei seinem Aufstieg geholfen hat, wie er selbst anmerkt. Diese Gemeinschaft war es, in der der Akademiker mit dem Hilfsarbeiter, der Reiche mit dem Armen, der Gebildete mit dem Ungebildeten stets auf gleicher libidinöser Ebene waren. Und insofern ist es logisch, dass die revoltische Verinnerlichung nicht nur aus dem unterdrückten Klassenbewusstsein herausgeführt werden musste, deren politische Organisationen ohnehin zerstritten sind oder gar gänzlich ihr Renommee verloren haben. Sie kann auch nicht ein Krieg gegen das Camus'sche Absurde oder gegen den „politischen Hochmut" heutiger Regierender sein. Eher geht es gegen all diejenigen, die das Sexuelle eben immer ausgeblendet und sexuelle Minoritäten missachtet haben. Die Homosexuellen werden zwar

---

[55] Ippolito, E., in Spiegel online vom 30.6. 2016

inzwischen toleriert, sehen sich aber im Endeffekt immer noch nicht voll anerkannt, bestätigt und totaliter akzeptiert.

Mit dem Wort Anerkennung ist in diesem ‚Gender-Diskurs‘, bei dem es um soziale und geschlechtliche Begrifflichkeiten geht, nicht nur die gesellschaftliche Anerkennung gemeint. Denn Homosexuelle werden inzwischen in Gesellschaft und auch in ihren Rechten (Heirat, Kinderadoption, etc.) bestätigt. Aber sie werden immer noch als unangepasst und in ihrer ‚Subjektivität‘ unverstanden – kurz gesagt: ‚schräg‘ angesehen. Genau darum geht es, dass Eribon meint, die Revolte von hier aus weiter treiben zu müssen und dabei „keinen Bereich und kein Register der Unterdrückung aus dem Feld der Wahrnehmung und Handlung auszuschließen.“ Die Revolte muss aus dem Triebleben selbst kommen, unverfälscht und direkt. Doch was ist damit wirklich gemeint, was heißt ‚Unterdrückung‘ und ‚Anerkennung‘ im Sinne vollkommener Akzeptanz? Werden hier nicht imaginäre und symbolische Ordnungen durcheinandergebracht?

Zweifellos sind – um ein anderes Beispiel zu nehmen – die Frauen in den orientalischen Ländern massiv unterdrückt, auch wenn sie dies selbst oft vehement zurückweisen (wie z. B. vor kurzem die Leiterin des großartigen Kunstmuseums in Doha) und man auch sagen kann, dass sie eben auf andere Weise als bei uns die Männer in der Tasche haben.[56] Trotzdem will ich Unterdrückung nicht kleinreden, ich sehe sogar im Moment viele Regierungspräsidenten, die nicht nur ihr Volk, sondern auch noch die halbe Welt zu unterdrücken suchen. Unterdrückung durch Diskriminierung und berufliche Hierarchien sind auch heute noch überall an der Tagesordnung, und am schlimmsten werden immer noch die Kinder unterdrückt. Wer hat als Kind nicht oft unter den Zwängen gelitten, die eine Haus-, Schul-, Sitten-, Familien-, Gesellschafts- und Moral-Ordnung samt den von überall herkommenden bürokratischen Vorschriften verordnete? Aber wie steht es mit den Frauen?

Auch wenn Esther Vilar gezeigt hat, dass es umgekehrt die Frauen sind, die die Männer unterdrücken, hat sie nur eine rein gesellschaftliche Kategorie beschrieben.[57] Dabei hat sie sich zu sehr antifeministisch ausgedrückt, denn freilich gibt es im sozialen Bereich Tricks und Verschleierungen der Geschlechter untereinander, aber mit deren gegenseitigen Bekriegungen kommt man nicht weiter. Man muss in die Tiefe, ins Unbewusste gehen, wo es Mann und Frau gar nicht gibt, zumindest nicht von so oberflächlichen

---

[56] Mit dem flapsig geäußerten Wort ‚Tasche' beziehe ich mich auf Freud, für den sie ein Symbol des weiblichen Organs ist, aber parallel dazu existiert auch das Phänomen, dass viele Frauen – wie man ebenso flapsig sagt – ‚zu Hause die Pantoffeln anhaben', womit ich nicht sagen möchte, dass darin eine echte ‚Gleichstellung' zu sehen wäre.

[57] Vilar, E., Der dressierte Mann, Bertelsmann Verlag (1989)

Zuschreibungen her. Vilar war sozialkritisch, doch vom Unbewussten und vom Sexuellen, vom Φ her, konnte sie die Beziehung der Geschlechter nicht sehen. Sie konnte das eigentlich Weibliche nicht erkennen, weil es die Frauen selbst von sich wegschieben und somit alle zusammen von der ‚Jouissance‘ nichts Genaues sagen können.

Zurück zu Eribon und der Frage, ob es überhaupt ein unterdrückungsfreies Leben geben kann? Ich erinnere mich an einen Psychologiestudenten, der bei mir in Psychoanalyse war und der erzählte, dass in manchen Seminaren stundenlang darüber diskutiert wurde, wie man – ganz analog zu Eribons Statement – jede kleinste Unterdrückung und Störung, jeden simpelsten Druck vermeiden kann, bis er sich eines Tages einmal anlässlich einer kleinen körperlichen Verletzung sagte: ‚Man kann auch mal etwas aushalten!‘

Aushalten, Durchhalten waren seit dem 2. Weltkrieg zu Horrorvokabeln geworden, so etwas sollte es nicht mehr geben. Aber es war damals um ein Durchhalten für die falsche Sache gegangen, in anderen Situationen kann man das anders sehen. Auf jeden Fall erkannte mein Student, dass ‚Aushalten‘ ein Stück normaler Psychologie sein kann, das Ertragen der letztlich ja belebenden Negativität und nicht unbedingt eine Unterdrückungsparole sein muss. Und so verhält es sich auch mit der Anerkennung, die irgendwie ein Ruf nach einer übervollkommenen Akzeptanz ist. Man will nicht nur akzeptiert, man will hochgewertet und gepriesen sein.

Eribon kritisiert, dass er nicht wie die Söhne der Reichen eine ‚Berufung' haben konnte, eine gesicherte Planung der Zukunft. Aber ist eine ‚Berufung' nicht Angelegenheit eines von innen her kommenden Auftrags, einer inneren Gewissheit und Überzeugung, die nicht von außen gestützt sein muss, ja gar nicht von daher gestützt werden kann und darf? Gerade die sexuelle Identität hat mit dem Wesen der Anerkennung einer vorwiegend dem Bild-Blick-Wirkenden unterstellten Ordnung zu tun, wobei die Anerkennung des Begehrens sich immer irgendwo mit dem Begehren nach Anerkennung – nunmehr vorwiegend der symbolischen Ordnung entstammend – kurzschließt, und zwar in einem Kern- und Kreuzungspunkt des menschlichen Seelischen und nicht in einer ‚minoritären Subjektivität'.

Eribon meint offensichtlich nicht das eigentliche Selbst, das vorwiegend unbewusst ist.[58] Es geht bei der Revolte Eribons mehr um eine, die aus dem sexuell-sexualistischen Trieb heraus geführt werden soll. Er meint nicht den *Anderen* in seiner Bedeutsamkeit, aber auch Negativität, sondern die sexuell besetzten Körper in ihrer Gleichheit, der etwas Narzisstisches innewohnt. Der größte Feind/Freund ist doch der in unserem eigenen Inneren, dort, wo ich vorhin von den Gedanken schrieb, die man bei sich nicht mag und die verdrängt und verworfen sind, indem sie zum eigenen *Anderen* gehören. Genau dagegen, aber auch mit ihnen muss die revoltierende Verinnerlichung beginnen.

---

[58] Kohut, H., Wie heilt die Psychoanalyse, Suhrkamp (1989).

Es ist nicht falsch, diese Gedanken zuzulassen und sich exakt von ihnen den Schwung und die Kraft der Revolte zu holen, die mit der Problematik des Sexuellen genauso zu tun hat, wie mit der sozialen Anerkennung, die aber bei weitem nicht das Wesentliche ist.

Das gilt auch für den Heterosexuellen, dessen Orientierung ebenso Schattenseiten aufweist, nämlich wenn er ständig eine andere Frau braucht und noch zehn weitere im Kopf hat. Wenn er immer woanders ist und nicht – wenigstens vorwiegend – bei seiner Frau und Familie. Es gilt auch für alle sonstigen Orientierungen, deren Narzissmus übersteigert und deren Perversion eklatant ist. In dieser Hinsicht hat auch Freuds Unterscheidung von ‚infantiler‘ und reifer Sexualität ihre Berechtigung. Ja, die ‚infantile‘ Sexualität war ja gerade der Ausgangspunkt, der Schatten, den Freud wählte, um im Seelenleben Entscheidendes bewusst zu machen. Kein Wunder, dass Eribon heftigst gegen die Psychoanalyse und speziell gegen Lacan polemisierte. Denn wenn der Heterosexuelle das Problem mit den vielen Frauen hat, geht es beim Homosexuellen nur um eine – die Mutter.

Der hat nunmehr Eribons Freund E. Louis eine ausführliche Hommage gewidmet. Er hat sie für ihren Kampf gegen den wütenden und oft alkoholisierten Vater warmherzig und wie manche Rezensenten meinten ‚empathisch‘ gelobt.[59] Doch die Rezensentin Mara Delius ist geteilter

---

[59] Louis, È., Die Freiheit einer Frau, Fischer Verlag (2021)

Meinung wie bei Perlentaucher zu lesen ist. Sie meint „bei Louis verschwinden die berührenden Momente der Erinnerung hinter der "Theoriesprechversessenheit" des Autors und seiner uneindeutigen Gesellschaftskritik. Das intime Mutterporträt wird so zur "Soziologiedichtung," die vielleicht auch den Zweck hat, die Mutter damit zu versöhnen, dass sie nie Enkelkinder haben wird (was keine homophobe, sondern eine homokritische Bemerkung von mir ist). Meine Güte, das ist halt so.

Was die Infantilität angeht, so stellt sie der Philosoph A. Badiou insbesondere als ein Zeichen der heutigen Männerwelt dar.[60]Gewiss waren die Männer früherer Jahrhunderte nicht besser dran. Sie mussten – wie Badiou schreibt – Söhne einer Unterwerfung unter ein rein funktionales Vater-Gesetz sein, Söhne, die sich fürs Vaterland wie eh und je opfern sollten. Viele mussten sterben, damit etliche andere reifen konnten. Aber die heutige Unterwerfung unter die ‚Trivialität des Marktes' und unter die Konformität des ‚Komaglotzens' ist nicht besser, sie führt bei den männlichen Jugendlichen nur zur ‚ewigen Adoleszenz' und bei den Erwachsenen eben zu weiterer Infantilisierung, schreibt Badiou. Er ruft deshalb innerhalb der momenta-

---

[60] Badiou, A., Versuch, die Jugend zu verderben, Suhrkamp (2016). Neben seiner sozialpsychologischen Kritik empfiehlt der Autor auch, die rebellischsten der unter 30jährigen und die zähesten der über 60-jährigen sollten sich zu einer Revolte gegen die kapitalistisch Überangepassten der Zwischenjahrgänge erheben. Ausgang ungewiss.

nen Männerwelt zu einer ‚neuen Gewalt' auf, zu einer „mit der die Söhne zur Freude der wahren Väter jene Welt affirmieren, die sie erschaffen wollen." Ist das hinsichtlich der Verinnerlichung Theorie oder praktikabel? Oder gar nur Soziologengeschwafel.

Heutzutage werden ständig Bücher über ‚erfülltes Sexualleben', über ‚richtiges Denken', über Alltagsphilosophie, Neuropsychologie, emotionale Intelligenz, ökologische Wahrheit und tausenderlei Ähnliches mehr geschrieben. Sie können einem außer einer kurzen Unterhaltung auf einem etwas gehobenen Niveau leider nichts bieten, nichts wirklich vermitteln. Denn man muss sich das ‚richtige Denken', die guten Ratschläge der Gehirnpsychologie und die gelungenen Affektregulationen selbst besorgen. Wie es in Horkheimers ‚Kritischer Theorie' zu lesen ist, können nicht mehr die arbeitenden Proletarier, sondern nur noch der vereinzelte Theoretiker das eigentliche Subjekt der Revolte sein. Aber besser ist es doch, dass der Einzelne, der zusätzlich zum Theoretiker auch noch als Praktiker agiert, indem in der Selbst-Verinnerlichung sein eigenes Unbewusstes ihm – wortwörtlich – sagt, wo und wie Praxis und Theorie übereinstimmen. Warum nicht endlich nach innen gehen?!

Dies, nämlich dass es in einem etwas sagt, *Es*, das *Strahlt/Spricht*, ist einer der Schwerpunkte der *Analytischen Psychokatharsis*, wo dieses innere Sagen hörbar wird. Denn mit dem Sagen außerhalb wird es immer schwieriger. Noch dauert es zehn Minuten, bis ein Proband im Turing-Test erkennt, ob er mit einem Computer oder mit einem Menschen gesprochen hat. Der Computer ist auf alles eingestellt, auf Wissensfragen, Alltagsgespräche und auch auf Blödeleien. Allerdings scheitert er an der einfachen Frage, was er sehe, wenn er aus dem Fenster vor sich hinausschaue. Dennoch, der Computer kann auch zu denen gehören, die durch Worte verletzen, wenn sie genauso gescheit daherreden, wie der sogenannte und vielleicht auch nur angebliche Fachidiot, der ohne jede Empathie ist. Oder der Mainstream, der alle gleichschaltet.

4. Die Ur-Verdrängung

Das ‚Licht' zu sein, das einen angeht, anblickt, vermittelt eine Identität im Imaginären, im Blick-Bild-Wirkenden, im *Es Strahlt*. In der Praxis einer mythisch-mystischen Meditation kann *Es* jedoch, wie schon angedeutet, zur unendlichen Weite der Bilder, zu tausenden von Körpern und im Extremfall zu sinnlosen Halluzinationen führen. Das ‚Licht', das einen anblickt, weil es irgendwie glänzt und fasziniert, muss also gelenkt, gebündelt und gezähmt werden. Aber es eröffnet, wenn es wie in der *Analytischen Psychokatharsis* wissenschaftlich geordnet ist, in ganz anderer und somit in ideal ergänzender, verstärkender Weise die Verinnerlichung hin zu unbewussten Inhalten. Man muss dabei ja nicht wie die Mystiker früherer Zeiten Engel und himmlische Heerscharen sehen, das ‚Licht' allein, das Luzide genügt! *Es* hat etwas Kathartisches an sich, etwas Lockendes, Reizendes, das einen aufmischt, ohne dass man weiß, ob es sich innen oder befindet.

Als ich noch während meiner psychoanalytischen Ausbildung anfing zu meditieren, sah ich öfter vor dem ‚inneren Auge' schattenhaft die gekräuselte Oberfläche des ‚Meeres'. Ich schreibe manches in Anführungszeichen, denn es geht um etwas Imaginär-Reales, eben klassisch Bild-Wirkendes, eine Art von ‚Vision'. *Es* kommt anfänglich zum kathartischen Schimmern, doch unter dem Einfluss der Erinnerung wurde daraus für mich dieser fast selbstgemachte, urzeitliche Blick, auf die Weite und Blauheit des

‚weinfarbigen Meeres', wie Homer schreibt. Die Faszination ist ungemein größer als der reale Blick auf eine Meereslandschaft, den ich oft an irgendwelchen Stränden oder Küstenregionen gehabt habe, was auch schon oft großartig war. Aber so etwas ist nicht das Ziel. Um Missverständnissen vorzubeugen, muss ich jetzt eine kurze, vorgezogene Darstellung der *Analytischen Psychokatharsis* geben, um Klarheit zu schaffen.

Denn natürlich sieht das Verfahren zur gelenkten Verinnerlichung mit wissenschaftlichem Hintergrund nicht so mythisch, mystisch aus, wie die gerade geschilderten Bilder des ‚Meeres' es nahelegen, die eher verführerische Nebenwirkungen sind. Die erste Übung in der *Analytischen Psychokatharsis* hat jedoch genau mit dem Bild-Wirkenden, dem Imaginär-Realen, dem *Es Strahlt* zu tun. Setzt man sich mit anfänglich geschlossenen Augen bequem hin, und fängt man an die schon erwähnten *Formel-Worte* rein gedanklich zu wiederholen, stellt sich bald etwas von dem ‚Licht' ein, das ich oben als das beschrieben habe, das einen anschaut. Es geht tatsächlich um ein Angeblicktwerden, denn bei längerem Sitzen in einem stockdunklen Raum wird immer so etwas wie eine leichte Helligkeit, etwas Luzides, Phosphorizierendes erscheinen, das Lacan auch eine „Oszillation von Blicken und Angeblickt-Werden" nennt. *Es* betrifft den Schautrieb, der hier in seinem Primärvorgang erfasst werden kann. Und der ex-sistiert genauso wie sein Pendant, der Entäußerungs-Sprechtrieb.

Üblicherweise kann man den Primärvorgang des Schautriebs nicht erfassen oder sehen, doch in der *Analytischen Psychokatharsis* wird man durch die *Formel-Worte* in sicherer Distanz zum Primärvorgang gehalten. Darin liegt der Vorteil eines Sprachmoduls, das zwar spricht, aber nichts sagt. Würden die *Formel-Worte* eine definitive Aussage haben, würde das Unbewusste nur in Verwirrung gebracht werden. Die Distanz ermöglicht, dass sich im *Es Strahlt*-Bereich die Katharsis zu einer Höhe aufbaut, die den Übergang zur zweiten Übung und deren Zutreffendheit garantiert. Zutreffendheit heißt, dass das Ergebnis, die Aussage aus dem Unbewussten, genau daherkommt, „was im Unbewussten darnach drängt, sich erkennen zu geben".[61] Also das Verdrängte und seine Deutung in Form der *Pass-Worte.*

Das Ziel besteht darin, in einer zweiten Übung auf den inneren Laut zu hören, der eben mit dem genannten Entäußerungs-Sprechtrieb, dem Wort-Wirkenden, dem Symbolisch-Realen, dem *Es Spricht*, zu tun hat. Dann erst, im Zusammenschluss des *Strahlt/Spricht* taucht das Reale auf, das von der ‚Jouissance' und dem Auftreten der *Pass-Worte* gekrönt wird.[62] Damit habe ich sehr verkürzt eine Darstellung der *Analytischen Psychokatharsis* gegeben,

---

[61] Lacan, J., Seminar IX, Die Identifizierung, 7. Vortrag.

[62] Die *Formel-Worte* sind die zur Verinnerlichung hinführenden Formulierungen, die *Pass-Worte*, von denen ich gleich ein Beispiel geben werde, die abschließenden, analytisch bedeutsamen Formulierungen.

die noch reichlich erweitert wird. Am Anfang der ersten Übung kommt es also zu ‚Lichterscheinungen‘, und da kann es auch einmal das ‚Meer‘ sein, das einen ansieht. Im Yoga wird oft nach konzentrativen Übungen die innere Wahrnehmung eines Sternenhimmels erwähnt, das sogenannte Astrale, doch letztlich geht es nur um die pure Luzidität, um den Blick der Ur-Verdrängung (so bezeichnete Freud die erste Verdrängung, die er auch eine primäre, psychische Gegenbesetzung nennt).

Ich habe dies alles mit dem Hinweis auf den Sternenhimmel und auf die Erscheinung des ‚Meeres‘ nur etwas aufgehübscht, denn ich glaube, dass dadurch die Katharsis, das Genießen, das Befreiungsgefühl, in der ersten Übung verständlicher wird, auch wenn ich zur Vermeidung solcher ‚Visionen‘ geraten habe. Es geht nur um das Luzide, das Strahlende, damit gesichert das erreicht werden kann, „was also im Unbewussten darnach drängt, sich erkennen zu geben".[63] Also das Verdrängte, das hinsichtlich seiner Wahrheit zu Deutende, und nicht tausend andere Dinge. Es ist sehr wichtig, dass sich nur so die zwei Grundtriebe, Grundintentionen, zusammenfinden.

Das Luzide als solches, als Imaginär-Reales, ist wichtiger Bestandteil des Unbewussten, und es gehört zur Verinnerlichung, die man sich bereits bewusst gemacht hat, und zu deren weiterer Vertiefung, Klärung und Belebung ich anregen möchte. Auch wenn im Endeffekt nur dieser winzige

---

[63] Lacan, J., Seminar IX, Die Identifizierung, 7. Vortrag.

Punkt der Kombination des *Strahlt/Spricht* notwendig ist. Der Schautrieb, das *Es Strahlt*, ist das einzige Begehren, das in sich zwar schon den Keim der Hemmung trägt – oder wie die Psychoanalytiker metaphorisch sagen – ‚kastriert' ist. Er bewegt sich im Rahmen der Ur-Verdrängung, die für Freud exakt in dieser ursprünglichen Spaltung des Blicks, im COO besteht. *Es* ist eine erste Verdrängung als etwas Unmögliches, grell Blendendes, das nicht mehr zu sehen oder ins primär Narzisstische zu verschieben ist. Doch warum so voreilig? Warum nicht den ganzheitlichen Blick finden? Es muss ja nicht gerade der Seherblick des alten Teresias aus den griechischen Mythen sein, nicht der Kassandrablick oder der der Albträume. ‚Verinnerlicht Euch' so weit, bis dieses sogenannte Ur-Verdrängte, das fehlende oder zu grelle ‚Licht', das Luzide in guter Distanz erfasst werden kann. Bekanntlich wird in der Geschichte von Königssohn Narziss und der Nymphe Echo das ganze dahinterstehende Drama verkörpert.

Genauso nämlich wie der Prinz Narziss nur selbst-, nur spiegelverliebt *Strahlt*, *Spricht* Echo, die geheimnisvolle Nymphe, nur echolalisch, nur mechanisch wiederholtes Bla-Bla-Bla. So kommen die beiden nie wirklich zusammen, und als sie sich dann doch zufällig in die Arme fallen, ruft Narziss panisch aus: „Lieber tot, als in Liebe vereint." Eine Katastrophe! Das Autoerotisch-Narzisstische als etwas Blendendes und Geblendetes (pures *Strahlt*) steht dem unverblümt Rhetorischen (unbewussten *Es Spricht*) völlig haltlos und unkontrolliert gegenüber und erreicht nicht das gemeinsame Genießen, die wahre 'Jouissance'. Sie ist es nämlich, die sich hinter der Ur-Verdrängung versteckt. Und so verhält es sich auch in der klassischen Psychoanalyse. Sie spricht zwar nicht Bla-Bla-Bla, im Gegenteil, sie führt tiefe Gespräche, hochintellektuell, aber in hunderten von Stunden kommt das Helle, das Luzide, die ‚Jouissance' nicht zum Zug.

Man postuliert in der psychoanalytischen Theorie primäre Identifizierungsmodi, von Freud so bezeichnete Wahrnehmungsidentitäten, die nie das ganz zu sehende Objekt umfassen, sondern, wie schon als zweite Form der Identifizierung erwähnt, nur den genannten ‚einzigen (einzelnen) Zug' davon, das andere verfällt eben der Ur-Verdrängung und bildet auch die Kerne primärer Aggression. Deswegen ist es auch nicht ungefährlich, in die geheimnisvollen Verlockungen des einen anblickenden ‚Lichtes' zu schauen (und dem man sich daher nur gezähmt, abgeblendet zuwenden kann).

Eindrucksvoller als Freud hat der Kulturphilosoph R. Calasso die Ur-Verdrängung beim Menschwerden hinsichtlich der Blicklibido und der Aggression herausgehoben.[64] Er geht von vornherein von einer aggressiven Luzidität aus. Im Bewusstwerden der Hilf- und Wehrlosigkeit, mit der der Frühmensch der Natur und den wilden Tieren ausgesetzt war, musste sich dieser konstant als Beute und grauenhaft zugerichtetes Opfer begreifen. Ganz im Sinne

---

[64] Calasso, R., Der himmlische Jäger, Suhrkamp (2020)

eines puren *Strahlt*, verwickelten sich die Frühmenschen in eine Raserei ihrer Blicke, in intensive Nachahmung, in eine Wahrnehmungsidentität gerade derjenigen Tiere, die sie am meisten fürchteten. Und so kam es Calasso folgend soweit, dass die Menschen in dieser intensiven Spiegelung selbst zu Räubern und Jägern wurden, die nicht mehr nur um ihrer Verteidigung willen töteten, sondern im Spiegelungs- und Tötungswahn verbleibend auch rein um des Tötens willen zu töten begannen.

Im gleichen Sinne hatte Freuds Tochter Anna einen psychischen Komplex gefunden, den sie die ‚Identifikation mit dem Angreifer' nannte. Es klingt also genau nach den Gleichen, wie es Calasso für die Frühmenschen postuliert hatte. Wenn z. B. die Mutter als Angreiferin, in Besitz Nehmerin, verstanden und gefühlt wird, bleibt dem Kind nichts anderes übrig, als sich mit ihr identisch zu sehen und Aggressionen gegen sich und sie zu richten. So sehen dann die ersten Verinnerlichungen aus, die jedoch früh verdrängt bleiben, eben ur-verdrängt. Und da muss man eben wieder hin, um endlich Ordnung zu machen. Das ist zuerst einmal alles, was psychoanalytisch nicht erreicht, aber in der *Analytischen Psychokatharsis* fassbar wird.

Im Erwachsenenleben handelt es sich nicht mehr um die Mutter und den Tötungswunsch, sondern um Geschlechterliebe und den Tod, den man nun an diesem winzigen Punkt im Psycho-Netzwerk aufspüren kann. So wie der Therapeut in der Psychoanalyse, wie Lacan es sagt, mit der ‚Stimme eines Toten' sprechen muss, weil er nichts von sich selbst, von seinen persönlichen Gefühlen, Meinungen, Ideen, etc., ins Gespräch mit seinem Patienten einbringen darf, so sollte der Adept der Verinnerlichungsbemühungen gleich direkt mit dem Tod reden, und dazu ist mehr nötig als die Geschlechterliebe. Dazu wird eine andere Liebe wichtig sein, von der ich im übernächsten Kapitel noch reden will.

Der Therapeut muss sich also inert, spiegelnd und nur wie aus den Kulissen heraus verlautend verhalten, und dies tut auch der Tod. Üblicherweise haben die Toten keine Stimmen, aber der Tod selbst kann reden, er vertritt genau diese Stimme aus dem Off, aus dem Unbewussten, aus der Ur-Verdrängung, wo er diesen winzigen Punkt des psychischen Objekts vermittelt. Ansonsten hat er ja keine Existenz, niemand erlebt sein (allerletztes) Ende, man hadert nur ständig mit dem Sterbevorgang herum und sieht verzweifelt, dass im Außen die Lebewesen dahinsiechen und verenden. Aber die wirklich helfende Stimme wäre – neben dem zu sehenden Luziden (‚Licht‘) – nur im Inneren zu hören, im Verlauten (‚Ton‘), in den Phrasen, die der Tod von sich gibt und um die es auch bei den erwähnten *Pass-Worten* der *Analytischen Psychokatharsis* geht.

Und so ist es also der Tod, der einem letztlich zuruft: ‚Verinnerlich dich‘, ‚schau, was sich da noch alles in dir regt und lebt. „Ich, der Tod – Calasso nennt ihn das Unsichtbare – bin zwar schon da, aber solange man mit mir spricht, kann ich niemanden einholen". Der Tod, das Unsichtbare, sagt nichts von irgendwelchen Schrecken und

Gräueln, und er besteht auch nicht aus einem anatomisch perfekten Skelett. Das waren alles abergläubische Vorstellungen des Mittelalters, genauso wie die des dem Tod ähnlichen Teufels, dessen Wesen heute in Horrorfilmen und Monstern der Populärkultur auftritt „bis zu den apokalyptischen Zombie Armeen, welche unsere Bildschirme fluten."[65] Im Innersten eines jeden selbst jedoch, egal, ob man sie die Stimme des Todes oder des *Anderen* nennt, wird, wenn sie den besagten winzigen Punkt erreicht hat, die Wahrheit herausklingen, weil man diese Stimme, dieses *Es Spricht* dann in seiner Beziehung zum Leben, zum *Es Strahlt*, besser verorten und einschätzen kann. Es geht ja nicht um das reale Ende, sondern um die Stimme, die in seiner Nähe besonders gut zu hören ist.

Sind die frühen ‚Verinnerlichungen' nicht gerade deswegen gefährlich, wenn und weil sie sprachlos sind? Das Gesetz des Lebens muss irgendwo und irgendwie auch geschrieben worden sein. Es muss auch Buchstaben geben, die in dem ewigen Zyklus des Schauens aufgetaucht sein müssen. Meiner Meinung nach waren es die Sprachzeichen, das *Es Spricht*, die das Töten als neue Chiffre ins Gehirn und Unbewusste des Menschen eingraviert haben. Solange der schon im Symbolischen, im Bedeutungstragenden wirkende Signifikant nur sich selbst antwortet, ‚töten' also eine Tautologie ist, wie Calasso selbst schreibt, kommt man vom Töten nicht weg. Aber Calasso hätte

---

[65] Strasser, P., Des Teufels Party, Sonderzahl (2020) S. 28

merken müssen, dass in der Tautologie auch Logos steckt, und darin immer zwei Signifikanten stecken, der verbale, symbolische und der imaginäre, bildhafte.[66]

Dann würde nämlich der Ausweg sichtbar. A ist A, ‚Krieg ist Krieg', alles Tautologien, aber letztere sagt durchaus etwas darüber Hinausgehendes, nämlich nicht nur, dass Krieg existiert (als Kampf, Streit, Gefecht), sondern dass in ihm etwas Typisches, Zerstörendes, Mörderisches steckt. Im ‚Krieg ist Krieg' liegt ein ‚Denk doch mal nach, was darin los ist' verborgen. Da taucht ein etwas *Anderes*, ein etwas *Anderer* auf, *L'Autre* als Dialogpartner. Dieses Anderssein, Dagegensein als Funktion des *Anderen*, findet sich in Calassos Erklärungen nur in Form des Sicht- und Unsichtbaren, des Bild-Wirkenden, aber es ist auch als Wort-Wirkendes wesentlich, will man überhaupt etwas vom Anfang, von unbewusster Aggression und dem unbewusst Sexuellen verstehen.

Nun handelt es sich beim Freud'schen Sexuellen nicht um das sexuell-formlos Gleiche, in dem man heutzutage nach „Erlebnissen und Erregungen giert, in denen man sich ebenfalls immer gleich bleibt [anstatt dass man sich mit dem *Anderen* konfrontiert]. Man akkumuliert Friends und

---

[66] Den von Lacan stets verwendeten (aus der Linguistik stammenden) Begriff des Signifikanten, ersetze ich – wie wohl bereits gemerkt wurde – meistens durch das Bild-Wirkende, das *Es Strahlt* (imaginärer Signifikant) und das Wort-Wirkende, das *Es Spricht* (symbolischer Signifikant). Das darin Wirkende ist das Reale, mit dem die beiden stets verbunden sind.

Follower, ohne je einem *Anderen* zu begegnen. Die sozialen Medien stellen eine Schwundstufe des Sozialen dar. Die digitale Totalvernetzung und Totalkommunikation erleichtern nicht die Begegnung mit dem *Anderen*. . . Sie verwickeln uns in eine endlose Ich-Schleife und führen letzten Endes zu einer ‚Autopropaganda, die uns mit unseren eigenen Vorstellungen indoktriniert.‘"[67]

Ohne den *Anderen*, schreibt Byung-Chul Han weiter, ja insbesondere ohne den *Anderen* in seiner Negativität, seinem ‚Nein‘, seinem ur-verdrängenden Dagegen, käme es zur Wucherung des Gleichen, es würde dann der dialektische Gegenpart fehlen, der es formen würde. Der vom wuchernden, gleichmachenden Sexismus erstickte *Andere* wird ur-verdrängt oder verbirgt sich hinter der Fassade der Bedürfnisse oder übergroßer Ideale. *Es* kann Schattenseiten haben wie das – theoretisch von der Erwachsenen-Sexualität zwar abgeleitete und auf die frühkindliche, noch ungesteuerte Entwicklung zurückgebogene –‚Infantil-Sexuelle‘. Es können aber auch die schon zitierten ‚Wonnen der ‚Jouissance‘ sein, die sich hinter einer Angst verbergen. Denn wenn man sie nicht kennt, ist die „Jouissance" unheimlich, fremd. Ihr ‚Nein‘ ist laut und heftig, während das ‚Ja‘ immer leise daherkommt, dafür aber das wahre

---

[67] Byung-Chul Han, Die Austreibung des Anderen, Fischer (2016) S. 9 und 10, wo der Autor Pariser, E., Filter Bubble, Hanser Verlag (2012) zitiert.

Genießen ist, das Lacan das Genießen des Realen nennt, das gleichzeitig auch das Reale des Genießens ist.[68]

Doch bevor ich mit so vielen fachbezogenen Bemerkungen langweile, mal etwas anders, nämlich etwas zum *Pass-Wort*. Heute hörte ich bei der Anwendung meines eigenen Verfahrens der *Analytischen Psychokatharsis* (wenn ich dies im Anschluss an die Aussagen über die Stimme und vorausgreifend bezüglich einer erweiterten Erklärung meines Verfahrens so sagen darf), hörte ich also mich denken: „Einen Pfennig kann jeder ersetzen". Seltsam! Wo kommt so etwas fast Hörbares her? Natürlich aus dem Unbewussten, aber doch auch banal, oder nicht? ‚Einen Pfennig kann jeder geben' ist bekannt und wäre vielleicht logischer gewesen. Aber ersetzen? Doch nach ein paar Sekunden des Nachdenkens war mir klar: es handelt sich darum, dass jeder ersetzbar ist, also auch ich, und zwar deswegen, weil man nur ein Pfennig ist, relativ unbedeutend, quasi ein Nichts unter acht Milliarden Menschen. Nur so kann man diesem etwas verqueren Satz einen Sinn geben. Mein Mich-denken-Hören bezieht sich darauf, dass ich bereits längere Zeit das selbsttherapeutische Verfahren der *Analytischen Psycho-katharsis* erfunden und geübt hatte und dabei dieses innen auftauchende *Pass-Wort* erfuhr, was nur einen Pfennig wert ist, und man durch anderes ersetzen kann.

---

[68] Lacan-entziffern.de/ Das Genießen des Realen und das Reale des Genießens, 8. 11. 2016 von R. Nemitz

Es handelt sich dabei um eine Art meditativen Hörens, stimmhaften Denkens, auf wissenschaftlicher, psychoanalytischer Basis. Man meditiert gedanklich Formulierungen, die *Formel-Worte*, die in einem Wort- oder Schriftzug mehrere Bedeutungen in sich tragen und somit eigentlich fast unsinnig, ja eine Leerformel sind, da man sich keine isolierte Bedeutung herauspicken kann (Abbildung oben, wo ein *Formel-Wort* im Kreis geschrieben ist). Doch wie das Unsinnige im Traum einen versteckten Sinn hat, so haben diese Formulierungen eine besondere Wirkung im Unbewussten, denn sie stoßen dort eine Antwort oder besser: Entsprechung an, die eine sinnvolle oder bewusst gemachte Formulierung niemals bewerkstelligen könnte. Eine solche würde nur eine Fortsetzung eines vorhandenen Sinns ergeben, eine bewusste Weiterführung des Alltag-Sinns. Dem Unbewussten aber eine Antwort, vielleicht sogar einen Widerspruch, zumindest aber eine Erwiderung zu entlocken, wird einen therapeutischen Effekt haben, und hat daher größere Bedeutung. *Es* erweckt den *Anderen*. *Es* holt *Ihn* aus der Distanz des Gleichen in seine Nähe. *Es* lässt *Ihn* wirksam werden.[69]

Die oben stehende Abbildung vermittelt eine derartige Formulierung aus der lateinischen Sprache, die von ver-

---

[69] Lacans *Anderer, L'Autre*, meint ein Er aber auch ein Es. Ich kann es nicht immer in doppelter Schreibweise darstellen, man muss sie sich dazu denken.

schiedenen Buchstaben aus gelesen verschiedene Bedeutungen aufweist, weshalb ich sie *Formel-Wort* nenne. Immer wieder an anderen Stellen überschneiden sich die in ihr enthaltenen Bedeutungen. Details bzw. die einzelnen Bedeutungen erkläre ich im Anhang. Egal, welche Sprache man benutzt, meistens gibt das Unbewusste die Erwiderung in der Muttersprache heraus, so wie oben die Phrase mit dem Pfennig. Immerhin zwang mich diese Äußerung doch ein bisschen zum weiteren Nachdenken, gerade weil sie so etwas Fuzzilogisch ist.

Das Unbewusste – sagt Lacan – ist strukturiert wie die Sprache des *Anderen,* des *Anderen* in uns selbst, des der üblichen bewussten Verbalsprache Fremden oder Jenseitigen, der von daher die Wahrheit parat hat. Denn genau „das wahre Subjekt ist das Subjekt des Unbewussten" sowie „das Unbewusste lässt keine menschliche Aktion außen vor".[70] Am besten kann dies alles mit diesem Gegensein des *Anderen*, verstanden werden, der solche *Pass-Worte,* die das Ur-Verdrängte betreffen, von sich gibt.

Die Ur-Verdrängung war und ist einfach die verdrängte Stimme des Ur-*Anderen* im eigenen Inneren, mit der man sich unterhalten musste und sollte. Ein Zeichen, ein Laut in dieser Stimme ist manchmal schrecklich, sodass sie urverdrängt bleiben muss. „In der Hölle des Gleichen sind

---

[70] Lacan, J., Écrits, Seuil (1966) S. 372 und 514

die Menschen nichts anderes als ferngesteuerte Puppen,"[71] und sie merken das nicht, es ist alles ur-verdrängt. Das Grauen einer verkorksten und stets nur gleichgeschalteten *Strahlt/Spricht*-Kombination muss aber nicht für immer urverdrängt bleiben, es kann ein direktes, wissenschaftlich fundiertes und meditatives Verfahren mit Hilfe der *Formel- und Pass-Worte* die Ur-Verdrängung immer wieder aufbrechen und zur Heilung nutzen. Eben darin steckt Revolte der gelungenen Verinnerlichung.

Ganz vereinfacht gesagt: Hauptsächlich durch die Sprache, durch das Wort-Wirkende, hat sich der Mensch zur Kultur erhoben, doch um ganz zu sich zu kommen, muss er vom üblichen Sprechen, so sehr es auch symbolisch elaboriert ist, wieder völlig herunter. Um aber oben zu bleiben und nicht dem uferlos Bild-Wirkenden zu verfallen, braucht er das, was ich auch ‚logische Antiworte' nennen könnte, eben die sich in ihren Buchstaben überlappenden *Formel-Worte*. Da sie sich in ihren die Bedeutungen gegenseitig auslöschen, bleibt die reine logische Struktur übrig, die einen oben hält und doch bildliche, blickliche, imaginäre Verinnerlichungen jeder Art zulässt.

---

[71] Byung-Chul Han, Die Austreibung des Anderen, Fischer (2016) S. 17

5. Die Ur-Übertragung

Neben der Verdrängung und Ur-Verdrängung als proble-
matischen Formen der Verinnerlichung existiert in der
Neurose auch die übliche Übertragung des Patienten. Sie
ist das wichtigste Instrument der Psychoanalyse und stellt
die positive Einstellung zum Analytiker dar, weil man ihm
Wissen unterstellt, Wissen, das er im Grunde in perfekter
Weise gar nicht hat. Und selbst wenn er es hätte, dürfte er
es nur sehr begrenzt verwenden. Schließlich ist er ja nicht
Universitätslehrer, der – um seine ‚Sprechlust‘, das Φ des
Spricht, zu genießen – seinen Schülern das Wissen ein-
paukt.[72]

Das eigentliche Wissen ruht ja im Patienten bzw. Klienten
selbst, in dessen Unbewussten, in seinen Verdrängungen,
Verleugnungen, Abspaltungen bis hin zu seiner Ur-Verdrängung. Deshalb ist die positive Übertragung eigentlich
unpassend, weil man Inadäquates, nämlich Bedeutungen
aus anderen oder früheren Beziehungen auf den Therapeuten überträgt, aber sie wird auch als Übertragungs-Liebe
bezeichnet, die das Unbewusste in Bezug zum Therapeuten mit einer trickreichen Form der Liebe in Gang bringt.

---

[72] Der universitäre Diskurs besteht darin, immer mehr und
mehr zu wissen und lehren zu können. Analog zum Mehrwert
von Marx deklariert Lacan dieses Wissen wollen um des stets
mehr Wissens willen als die ‚Mehrlust‘ des klein **a**, im Bo-Knoten in der Mitte eingezeichnet.

So gesehen ist auch sie eine problematische und gleichzeitig eine amourös-erotische Art der Verinnerlichung.

Deshalb muss die Übertragung immer wieder durch eine gelungene Deutung des Therapeuten aufgelöst werden, indem dieser sich in den auf ihn übertragenen Bedeutungen gespiegelt sieht und dieses Phänomen nunmehr nutzen kann, die Äußerungen des Patienten in der aktuellen Beziehung zu interpretieren. Die Übertragung des Patienten enthält die genannten Einstellungen aus seiner Vergangenheit, seine Gefühle und Erfahrungen aus anderen Kontakten, also von früher oder von ganz woanders her Stamendes auf den Analytiker. Auflösung der Übertragung heißt also, die Beziehung zum Therapeuten aus der Verflechtung mit anderen Beziehungen zu klären, sodass der Patient all diese inadäquaten Bezüge neu ordnen und deren wahre Grundlage schließlich ausreichend sprachlich formuliert in sich integrieren, positiv verinnerlichen kann.

Die Ur-Übertragung sehe ich auch als wirksam bei der *Analytischen Psychokatharsis* an, hier ist sie jedoch positiv, konstruktiv, und kann in dieser Positivität sogar direkt genutzt werden, wie ich sogleich demonstrieren will. Umgekehrt verhält es sich im Fall der Gegenübertragung des Therapeuten auf die genannte Ur-Übertragung des Patienten. Zum Beispiel kann eine zu vorschnelle, schlecht gewählte Aussage des Therapeuten zur Panik des Patienten führen. Eine Aufnahmeärztin in der Psychiatrie fragte einmal einen Patienten nach kurzer Zeit der üblichen Exploration etwas unverblümt nach seiner Ehescheidung. Er antwortete darauf, dass starker Strom in den Wänden sei. Anstatt sein Ausweichmanöver zu erkennen, dass diese Frage für ihn eben belastend und wie Starkstrom war, der selbst in den Wänden spürbar wird, und er so lieber nicht ‚normal' darauf antworten konnte, wertete die Ärztin dies als ‚psychotisch' und ließ ihn von den Pflegern festhalten und durch eine Injektion behandeln. Sicher ist es so, dass er krank war, aber sie hätte auch sagen können: „Dieses Thema steht für Sie offensichtlich stark unter Strom, ja, dann lassen wir das vorerst". So hätte die archaische, die Ur-Übertragung, die der Patient ihr entgegenbrachte, noch weiter bestehen bleiben können, auch wenn der Patient dadurch natürlich nicht geheilt wäre. Anders gesagt: Sie hätte die noch nicht reife Verinnerlichung so stehen lassen sollen, um sie später liebevoll zu ordnen.

In der *Analytischen Psychokatharsis* wird die Ur-Übertragung also anders genutzt. Schon in der banalsten Meditation zieht man sich zurück und muss die Aufmerksamkeit auf das Dunkel, in die Leere, ins Nichts richten. Konstruktiv versucht man, jeden Gedanken abzuweisen. Doch gerade wenn der letzte Gedanke zurückgewiesen wurde, erscheinen die Bilder und Laute des Ur-Verdrängten manchmal als verzerrte Fratzen und Greuelgeheul in noch viel elementarerer Form, als ich es vorhin bei Calassos Ur-Verdrängung theoretisieren konnte. Es gibt dann alle möglichen Tricks, Mantren und Gottimaginationen, um den Märtyrervorgang zu vermeiden, den der Kunstmaler M.

Ernst in seinem Bild des Heiligen Antonius so gut dargestellt hat. Das Bild-Wirkende ist ungesteuert im Gang.

In der *Analytischen Psychokatharsis* wird die Ur-Übertragung jedoch durch wissenschaftlich erstelltes und absolut
f o r m a l e s Werkzeug für das weitere Vorgehen verwendet, nämlich mittels der *Formel-Worte* und die ihnen kon-
gruent folgenden *Pass-Worte*. Das Formale, Mathematische, Logische ist als ein minimales Werkzeug notwendig,
jedes Mehr würde der Wissenschaftlichkeit schaden. Und
so schreibe ich hier, dass man mit Hilfe dieses Verfahrens
sehr wohl die Eckpunkte der Ur-Verdrängung in die Therapie mit einbeziehen kann, weil diese Wissenschaft die
Positivität des Übertragungsvorganges durch das dyna-
misch Strukturelle der *Formel-Worte* als Minimalsthilfe
zumindest so weit stützt, dass der Übende positiv ge-
stimmt und klar orientiert bleibt und nicht in Halluzinationen abdriften kann.

Das ‚Verinnerlicht Euch‘ ist damit abgeschirmt von irgendeiner Pathologisierung und gedanklicher Abstraktion.
Sich der starken Formalisierung des *Formel-Wortes* aus-
zusetzen, ist durch deren linguistische und psychoanalytische Begründung gegen jede Unklarheit abgesichert.[73]

---

[73] Ich beziehe mich hauptsächlich auf Lacans Unbewusstes als
Sprache des *Anderen*. Lacan geht von einem ‚symbolischen Au-
tomatismus‘ aus, der dem einfachsten Sprachduktus, dem einfachsten Diskurs, nämlich dem des sich zum Herrn stilisierten
und wie im Befehlston sprechenden Frühmenschen, Autokra-
ten und Patrons wort-wirkend folgt. Ihm steht bild-wirkend der

Man benötigt keinen Guru, keine Heilspersönlichkeit, keinen religiösen Glauben, die wissenschaftliche Darlegung schafft ausreichend Vertrauen dafür, dass die archaische, die Ur-Übertragung, nicht ins Leere läuft oder falsch genutzt wird, sondern entsprechend der logischen Struktur, wie Lacan sie ausgedrückt hat, präzise gelenkt wird. Auch die Ur-Übertragung, diese archaische Verinnerlichung, ist Liebe und hat einen seriösen, respektvollen amourös-erotischen Bezug.

Zu wem? Zum Unbewussten, zum *Anderen*, zum Nichts vor dem Hintergrund von Allem oder eben zu diesem von mir nun schon mehrfach erwähnten winzigen Spiegel- und Echo-Punkt der Kombination des Symbolischen/ Imaginären/Realen in der Mitte des Lacanschen Bo-Knotens. Dort steht normalerweise das klein geschriebene **a**, das psychische Objekt der verschiedenen Lüste, Punkte des *Strahlt* (im Gegensatz zum *Spricht* des **A** als dem bedeutenden *Anderen*). Dieser ‚winzige Punkt' liegt tatsächlich im psychisch unbewussten Zentrum, im Brennpunkt des Konkavspiegels der von innen kommenden Bilder, Pixel, wie in der unten nebenstehenden Abbildung gezeigt. Punkt ist nicht ganz der ideale und wissenschaftlich vertretbare Ausdruck, denn seine Brennpunktposition kann sich etwas verschieben, je nachdem, wie ein *Es Spricht* und so in ihm

---

neurotische Diskurs gegenüber. Ein bisschen spiegelt sich darin auch die Mann / Frau Beziehung wieder.

mit seinen wort-wirkenden Phonemen interveniert (senk-
rechte Linie).

Auch wenn hier das Wort ‚Hirnrinde' steht, handelt es sich
nicht um reine Neurologie, sondern um das Netz des Bild-
Wirkenden, Wort-Wirkenden und unbewussten Realen.
Wenn der Tod ein reifer Begleiter ist, so kann er dies nur
in einem Bezug zur Liebe sein, von der viele behaupten,
man könne sie nicht mit Worten erklären, sie nicht sprachlich ausdrücken. Doch dies ist eine doppelte Halblogik,
und zwar die gleiche, die in Descartes Satz ‚Ich denke, also
bin ich' steckt. Denn wenn er ‚Ich' sagt, hat er doch schon

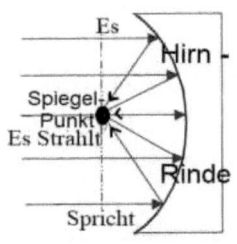

eine gewisse Vorstellung, Erfahrung, Wissen, Kenntnis von diesem
‚Ich', das denken und sogar auch etwas sagen kann. Das ist die erste
Halblogik.

Die zweite besteht darin, dass er,
wenn er denkt, sich offensichtlich
besonders stark als ‚Ich' erfährt, spürt und weiß. Schließlich war Descartes ja kein dummer Mensch, aber einfach
auch nicht ganz auf der Höhe akribischer Logik. Und so
gilt das Gleiche auch für den Satz, dass man, was Liebe
ist, nichts sagen und sprachlich vermitteln könne. Denn
auch von Liebe hat man offensichtlich schon eine Vorstellung, Kenntnis, Erfahrung oder Wissen, wenn man das
Wort ausspricht, das einem doch bereits in der Kindheit
jemand gesagt oder fühlbar gemacht haben muss, und zwar
wohl mehrfach: Beispielsweise hat man ein Geschenk

erhalten, ein Gefühl vermittelt und gedeutet bekommen, mehr als nur einen glänzenden Blick im Auge des Anderen gesehen, und dazu immer wieder die Buchstaben L.i.e.b.e vernommen haben.

Doch auch dies ist erst mal nur die zweite Halblogik. Denn es mag ja durchaus richtig sein, dass damit noch nicht alles gesagt wurde, was Liebe ist und mit ihr zusammenhängt. Es existiert da irgend noch ein Mehr. Und auch von dem kann man noch etwas sagen, vielleicht sogar sehr viel. Und da ich in diesem Buch das Verinnerlichen für so wichtig halte und unbedingt immer wieder neu darauf hinweisen will, könnte ich auch sagen: Liebe, die unbeugsame, eigentliche Liebe, kommt nur mit der tiefsten Verinnerlichung zustande, wenn sie auch bei den erotomanisch Verliebten wie bei den hyperthymischen Mystikern, die dann ausriefen, sie könnten die ganze Welt umarmen, sich zu exzentrisch anfühlte. Oder wenn es umgekehrt bei den „Leuten, die nie verliebt gewesen wären, wenn sie nie von der Liebe hätten sprechen hören," es ebenfalls gar nicht gut genug klingt.[74] Zu viel, zu wenig, zu ekstatisch, zu fahl, zu aufdringlich, zu vertheologisiert, anstatt vor dem Hintergrund des Todes vervollständigt.

Ich erinnere an den Lacanschen Bo-Knoten, in dessen Mitte sich dort das kleine **a** der Lustobjekte (orale, anale,

---

[74] La Rochefoucault, Maximen und Reflexionen, Reclam (2005) S. 21

skopische, invokative, etc.) befindet. Es geht genau wieder um den winzigen Punkt, wo sich das *Strahlt/Spricht* in gekonnter, guter, reifer Form kombinieren muss, und dies kann keine äußerliche Liebe ermöglichen, genauso wie es keine Furcht vor dem Tod ersetzen kann. Nur die eigene Verinnerlichung, die Liebe nach innen (auch zu sich selbst), die eigene Geduld im Meditieren, die Überzeugungshilfe der *Pass-Worte* kann diesen Punkt durchstoßen, sodass die vielen **a** zurückweichen, und nur das könnte es sein, was über die diesbezüglichen Halblogiken hinausgeht und somit sowohl der Liebe als auch dem Wahren ‚Jouissance' einen Platz zuweist.

Verinnerlicht Euch! Nutzt die Chance dieser besonderen Liebe vor dem Hintergrund des Nichts. Mit der ‚Wissenschaft des Realen' allein, wie Lacan seine Art der Psychoanalyse nennt, gelingt es jedenfalls nicht so ganz gut. Für ihn hat Liebe speziell mit dem Schönen zu tun, nicht mit dem Wahren, Guten oder dem Realen. Bei Lacan ist das Reale das Unmögliche, das Geschriebene oder das nicht Einreißbare, also alles, was irgendwie gefestigt ist, und wo die Liebe, ganz im Gegensatz zum christlichen Begriff, wo sie vielleicht zu erhaben ist, nur schwer ihren Platz findet. Zudem folgert Lacan: „Was den Mann betrifft, ist die Liebe eine Selbstverständlichkeit, denn sie reicht ihm, um sie zu genießen, und genau deshalb versteht er auch nichts davon. Aber bei der Frau muss man das anders sehen, nicht wahr? Wenn es für den Mann selbstverständlich ist, denn die ‚Jouissance' umfasst alles, auch dass es kein Problem gibt, darüber zu sprechen, was es heißt, zu lieben. Doch die ‚Jouissance' der Frau ist keine Selbstverständlichkeit, ohne damit die Wahrheit zu sagen".[75]

All diese scheinbar paradoxen Ausdrucksweisen Lacans helfen auch zu spüren, dass man die Ur-Verdrängung nicht so stehen lassen kann, wie Freud dies noch getan hat. Man muss an sie herangehen, denn hinter ihren Eckpunkten, hinter ihren *Strahlt/Spricht* winkt ein „Begehren nach einem Gut zweiten Grades, einem Gut, das nicht verursacht ist durch das klein ‚**a**' der Objekt-Lüste."[76] *Es* geht um ein Begehren, das man genießen kann, was ja normalerweise nicht der Fall ist, da das übliche Begehren anstrengend, aufreibend und dazu noch verfälscht ist. Doch das Begehren in der Selbst-Verinnerlichung ist auch gleichzeitig ihr Genießen, ihre ‚Jouissance', die sich vor dem Hintergrund von **A**, dem *Anderen* ohne Querstrich, abspielt, der die reife, gelungene Kombination des *Strahlt/Spricht* in anderer Form darstellt. Lacan schreibt diesen Anderen gerne mit quergestrichenem **Ⱥ**, da er meist nicht universal, ganz, perfekt, ideal, etc. ist. In der Analytischen Psychokatharsis ist A (*Spricht*) jedoch ohne Querstrich parallel kombiniert mit dem Luziden (*Strahlt*).

---

[75] Lacan, J., Seminaire XXI, Vortrag vom 12. 2. 1974
[76] Lacan, J., Seminar XX, Quadriga (1986) S. 84

6. Gender

Schon vom ‚Verinnerlicht Euch!‘ überzeugt? Nein, wahrscheinlich nicht. Zu umständlich habe ich alles geschildert. Aber man kann eben von den verschiedensten Seiten her die menschliche Gespaltenheit und ihren entsetzlichen Mangel an ‚Verinnerlichung‘ darstellen, wodurch ich glaube, dass man Vertrauen in die Verinnerlichungsmethode der *Analytischen Psychokatharsis* ohnehin nur finden kann, wenn man selbst eine mehr oder weniger therapeutische Funktion damit verbinden kann. Dennoch könnte ich neue, kleinere thematische Annäherungen versuchen und auf die schon von mir ansatzweise beschriebene Geschlechterproblematik weiter eingehen. Um aus der Klemme der Gespaltenheit und der verdrängten Wahrheit herauszukommen, haben die Psychoanalytiker auf das verwiesen, was Freud mit seiner Trieb-Struktur-Theorie gefunden und konzipiert hat, wenn er von der ‚phallischen Phase‘, von Φ, spricht. Diese Phase, auf die ich wie gesagt bereits hingewiesen habe, machen beide Geschlechter gleichermaßen in der Kindheit durch, indem sie im Sinne der ‚infantilen Sexualität‘ durch eine Kombination der beiden Grundtriebe um das dritte bis fünfte Lebensjahr herum entsteht.

Auch wenn diese Phase einen mehr männlich klingenden Namen hat, ist sie eben eine Phase gleicher Sexuierung bei Mädchen und Knaben, bei Mann und Frau, was vorwiegend durch das Symbolische vermittelt wird, in dem sich dieser Sexualstolz bzw. dieses Selbstgehabe, dieses beginnende Wollen zur Lust ausdrückt. Der Autor Y. N. Harari schreibt zu Recht, dass Mann und Frau nicht rein biologisch und auch nicht nur durch Rollenzuschreibungen bestimmt sind. Vielmehr, so meint er, seien Mann und Frau Angehörige einer „erfundenen menschlichen Geschlechterordnung."[77] Erfunden? Hört sich eigentlich sehr witzig und originell an. Aber wie wird das erfunden? Harari meint eine in jedem Zeitalter und in jeder Gesellschaft immer wieder anders gewichtete, vereinbarte oder spontan gewählte Geschlechterordnung. Nun ist diese nicht völlig frei erfunden, sondern unterliegt eben genauso wie alles andere der Trias aus Symbolisch-Imaginär-Realem, dem *Strahlt/Spricht* (mit dem Schrägstrich / als Zeichen des Realen in der Mitte). Dennoch ist es interessant, von Erfindung zu reden, denn letztlich ist diese immer noch nicht endgültig abgeschlossen.

Selbst was die Psychoanalytiker mit dem symbolisch Phallischen, dem Symbol des Begehrens, das Lacan also mit Φ schreibt, das im Unbewussten die Geschlechtszuschreibungen bewirkt, meinen, ist nicht der Weisheit letzter Schluss. Freud schreibt ihm zwar das ‚Primat‘ der früherotisierten Regungen im Unbewussten zu, doch existieren da ja auch noch die aggressiven Regungen und auch die, die gleich von Anfang an sublimiert werden können oder

---

[77] Harari, Y. N., Eine kurze Geschichte der Menschheit, Pantheon (2015) S. 186

worden sind.[78] Denn natürlich handelt es sich wieder um das Bildhafte, Bild-Wirkende, das libidinös besetzte *Es Strahlt*, das im neuro-psychischen Netzwerk bereits Männliches oder Weibliches vermitteln könnte, aber auch eine früh sublimierte Kombination dieses *Strahlt* und dem *Spricht*, die Freud als ‚polymorph' bezeichnete.[79] Ich zitierte dazu auch M. Kleins ‚schiziod-paranoide' Phase des Kleinkindes, und warum sollten wir als Säuglinge nicht alle verrückt gewesen sein und erst durch Reifung das ‚menschliche Maß' Camus und dann weitere Entwicklungsschritte auch in Richtung auf die Geschlechterproblematik getan haben?

Und auch Aggression ist nicht immer Aggressivität. Die Aggression, das lateinische ‚aggredi', angreifen, darauf zugehen, kann in der Entwicklung der Geschlechterordnung, aber auch sonst, eine Rolle spielen, auch wenn sie noch nicht zum fertigen Wort-Wirkenden geworden ist, dem man geschlechtsspezifische Merkmale zuschreiben kann. Dabei würde das Aggressive mehr dem männlich Wort-Wirkenden, dem *Spricht*, das Libidinöse mehr dem weiblich Bild-Wirkenden, dem *Strahlt* zugehören. Als Tod ist das Aggressive ungeschlechtlich, kann aber zur kreativen, gelungenen Verinnerlichung vieles beitragen, zwar nicht als Nietzsches ‚Wille zur Macht', aber als Wille zu psychischer Stärke, Standhaftigkeit, ja Vornehmheit (auch

---

[78] Laplanche, J., Pontalis, J. B., Das Vokabular der Psychoanalyse, Suhrkamp Wissenschaft (1989) S. 478-481
[79] Ich schreibe gleichwertig *Strahlt* und *Spricht* auch ohne *Es*.

ein Nietzscher Begriff), die die Mann/Frau-Identität nicht in den Vordergrund stellt.

Die menschlichen Beziehungen sind diskursiv, sind Ausdrucks-, Symbolbezogenes, und das ist nichts rein Erfundenes. *Es* ist etwas Substanzielles, Intersubjektives, Diskursives, Bild-Wort-Wirkendes. Man kann sie also laut Harari nicht vom Biologischen, Physiologischen, Biochemischen und sozialen, kulturellen Rollenbeschreibungen her bestimmen; auch wohl nicht einfach vom Seelisch-Geistigen, gar Religiösen, das alles viel eher nach Erfundenem klingt als die Kombinatorik des *Strahlt/Spricht*. Am besten kann man Hararis Erfundenes, das Liebes- und Gender-Problem an den Transmenschen studieren, die ja sagen, dass sie nicht die andere Sexualität haben wollen, sondern nur den anderen Geschlechts-Status, die andere neuro-psychische Realität, die eben erfunden werden muss.

Ich habe mich dazu auch anhand reichlicher Literatur an anderer Stelle ausführlich geäußert. Das Resümee lautet, dass die Transgender wohl vor allem glauben, dass sie durch den Geschlechtswechsel anerkannter, normaler, identischer sind. Selbst für viele Homosexuelle ist es wichtig zu wissen, dass sie n o r m a l homosexuell sind, und dass sie nur dann und nur durch Eingeschlossenheit in die Staatsräson die Bestätigung und Anerkennung haben, die sie brauchen. Unsicherheiten gibt es in jeder Sexualität, das sollte nicht das Problem sein. Aber es könnte im Fall von Eribon und seinem Freund Louis eine Rolle gespielt haben und noch spielen. Sie wollten mit einer bestimmten, intellektuell gestützten, staatsräsonalen Form homosexuell sein.

In jedem Fall bleiben Mann und Frau in ihrer Unbestimmtheit weiter bestehen. Im Unbewussten existiert dieser Unterschied gar nicht, und so kann ich auch von daher nur dringend zum Verinnerlicht Euch! aufrufen. Im Unbewussten gibt es nur die Königsdramen und Rotlichtschummeleien, die Kämpfe um Macht, Liebe und Tod (das Reale, Imaginäre und Symbolische). Lacan beteuerte stets, dass es immer eine Drei sein muss – nicht unbedingt die gerade genannten Drei – aber die Drei des oben gezeigten Knotens, die generelle Drei. In diesem Rahmen weist Lacan der Liebe nur die Zwei zu, denn sie ist nichts wahrhaft und definitiv Sagbares. Sie lebt, wie gesagt, vom Schönen, also dem Ästhetischen, dem *Strahlt*, dem Aufregenden, Erratischen. Eine perfekte Kombination mit dem *Spricht* existiert für sie nicht, es sei denn, der Knoten ist zugeschnürt, sodass klein **a** das neue groß **A** ist.

Es genügt aber bereits, von der weiblichen Seite des *Anderen* zu sprechen, um eine ernsthafte Aussage über die Liebe und das neue Groß-A machen zu können. Der ‚Idealblick‘, der Spiegel- und Wahrheitsblick des *Anderen*, wird durch das Weibliche gestützt, und nur vor dem Hintergrund dieses Blicks, dieses Blickbild-Wirkenden, das auch mit dem unsichtbaren Blick des Todes zu tun hat, hat die Liebe Zugang zu Wahrheit und zum Realen, schreibt

Lacan.[80] Der Tod scheidet die unverbrüchlich Verheirate-
ten, heißt es, aber wie steht es mit dem Liebenden? Ich
sage nicht d e n Liebenden, sondern d e m die Leere, das
Nichts und das Dunkel Liebenden, wo der Tod und ebenso
der Wahrheitsblick des *Anderen,* den Aktiven und den Passiven, den Subjektiven und den Objektiven, nicht trennt.

Der weibliche Ideal- und Wahrheitsblick vereint, wenn
auch für das letzte Wissen – und das ist eben das von Lacan
als das ‚disharmonische Wissen‘ des Unbewussten dekla-
rierte Wissen – noch ein Wort notwendig ist. Und das
schnappen sich wieder die Männer, weil die Frauen das
Disharmonische nicht mögen.[81] Bei d e n Liebenden gilt
das Vereinende nur dann, wenn sie sich gemeinsam in einem erotomanischen Wahn befinden, der in raffinierter
Weise etwas unendlich Lebendiges vortäuscht. Der Psychoanalytiker G. Kohon hat vielleicht einen Ausweg aus
der Liebesproblematik gefunden, als er von dem schrieb,
was man die ‚detached love‘, die gelöste, abgeschminkte
und ein bisschen distanzierte und doch vollständige Liebe
nennen könnte, die auch die Psychoanalyse ausmacht, und
die auch für die volle Verinnerlichung passen könnte.[82]

Denn damit der Psychoanalytiker nicht einer völlig absor-
bierenden Identifizierung mit seinem Patienten anheim-

---

[80] In seinem XXI Seminar, dessen Stelle ich nicht mehr finde.

[81] Lacan, J., Seminaire XXI (1974), die letzten beiden Vorträge.

[82] Kohon, G., Love in a time of madness. In Green & Kohon: Love
and its vicissitudes, Routledge (2005) S. 41 – 100.

fällt, braucht er eine gewisse Distanz, ein minimales Getrenntsein. Empathie ist gut, aber totale Empathie hilft niemandem, und so muss die Liebe in der Psychoanalyse von Bindungen gelöst, von zu großer Nähe getrennt und vor zu großer Intimität geschützt sein. Das ist freilich nicht mehr aufregend, das ist nur noch schön. Deswegen meinte die Psychoanalytikerin M. Mitscherlich in ihrem letzten Buch ‚Eine Liebe zu sich selbst, die glücklich macht‘, dass nur dieses völlige ‚anders herum‘ der Liebe eine Chance hat, zu überleben.[83] Zwar klingt der Titel ihres Buches ein wenig narzisstisch, doch sie meinte es nicht so. Es waren ihre Gespräche, in denen sie und ihre Patienten so aufgingen, dass sie sich darin sonnen, ja, man muss auch sagen: sich noch stärker verinnerlichen konnten. Beide, nicht nur sie.

Vielleicht hätte Mitscherlich besser geschrieben: „Eine Liebe zu sich als *Anderem* . .“ oder „Eine Liebe zum eigenen Unbewussten als dem noch Unfertigen, als dem ganz anders Gearteten in einem selbst“. Nicht nur zum äußerlich Anderen, auch zu sich selbst als bis zum inneren *Anderen* ist diese Liebe statthaft, glücklich und erquickend zugleich. Sie ist es, die im ‚Hohen Lied‘ des Alten Testaments besungen wird, und von der der wahrhaft Liebende vortäuscht, er sei kalt und herzlos, obwohl er doch wirklich liebt, chaotisch liebt. F. Cramer, Mitbegründer der modernen Chaostheorie, stellt der tiefgehenden Resonanz der

---

[83] Mitscherlich, M., Eine Liebe zu sich selbst, die glücklich macht, S. Fischer (2013)

Liebe, dem sich in wiederkehrenden, zyklischen Zeiten abspielenden Lebens- und Liebesprinzip, die Redundanz-Liebe der irreversiblen, chaotisch einbrechenden und somit nicht resonanten Zeit gegenüber.[84]

All den Formen der üblichen Liebe steht also die ‚Chaos-Liebe' gegenüber, die keine Resonanz hat und doch stark ist, durchdringend, verwirrend, offen versteckt, detached und Gespielin des Todes. Nur gut Verinnerlichte können sie verstehen. Und so kann ich von außen her nur von einer eher distinguierten, abgelösten Liebe reden, von einer Liebe, die aus dem Hintergrund, aus einer leichten Distanz heraus wirkt, indem sie sich nicht aufdrängt und sich als solche auch nicht zu erkennen gibt. Erst da, in ihrer intensiven Latenz und Redundanz, entsteht sie richtig und besitzt die Loslösung, die sich zum Regredieren, zum ‚Sterben' im Leben eignet, wo man auf den *Anderen* in sich selbst trifft, den Wahrheits-Spiegel der Seele und die Verheißung der ‚Jouissance' des Realen! Verinnerlicht Euch! Nur so ist *Es* zu fassen.

Der Sexus lässt sich einfach nicht isoliert als etwas denken, das die perfekt kombinierte *Strahlt*- und *Spricht*-Kraft hat, worauf es letztendlich ankommt. Ich will nur nochmals betonen, wie wichtig die Unterscheidung des Freud'schen Narzissmus als einer ganz primären Selbstliebe von dieser Liebe zu sich selbst als *Anderem*, als in der Verinnerlichung zu sich Gekommenem, mit dem Tod

---

[84] Cramer, F., Symphonie des Lebendigen, Insel (1998)

versöhnende ‚Liebe zu sich selbst' ist, die ‚glücklich macht'. *Es* ist keine Liebe zum eigenen Ich innerhalb einer definitiven psycho-sexuellen Orientierung, sondern eine zum subjektbetonten Austausch, zu einem primären *Strahlt Spricht.* Was Mitscherlich glücklich machte, ist daher nicht der schwärmerische, partnerschaftliche, alltägliche Eros, auch nicht die himmlische Caritas, sondern die Liebe zum Off, von dem man meinen könnte, es ist so etwas wie die Transzendenz, eine Art Jenseits, und man wäre dann wieder bei der Religion.

Nein, darum geht es nicht, auch wenn nicht nur für mein Verfahren, auch für Bereiche wie die sogenannte ‚Spiritualität', der Yoga und die Esoterik, die ich zum Verständnis und vor allem zur Abgrenzung meines Verfahrens als eine weitere Drei oft heranziehe, kann dieses in der dritten Person Singular geschriebene *Strahlt* und *Spricht,* des von außen her nach innen ‚Ex-Sistierenden' als ein roter Faden gelten.[85] In der klassischen, herkömmlichen Psychoanalyse kann man diese beiden Triebrepräsentanten des Schau- und Sprech-Triebs, also das *Strahlt* und *Spricht,* wie schon erwähnt, nicht so primär erfahren, wohl aber im Verfahren der *Analytischen Psychokatharsis.*

Die tief-emotionale Entspannungserfahrung, die Katharsis, was man heutigem Jargon folgend auch eine Chill-Out-Erfahrung nennen kann und die in der ersten Übung

---

[85] Nochmals weise ich darauf hin, dass der Begriff ‚spirituell' keine fundierte wissenschaftliche Definition aufweist.

der *Analytischen Psychokatharsis* zustande kommt, ist eine gesicherte Erfahrung, weil sie auch Freud zu Genüge kannte und nutzte, als er noch die Hypnose praktizierte. Leider hat er sie zu radikal aus seinem therapeutischen Repertoire entfernt, denn sie nahm hinderliche Formen an. Die Patienten haben den hypnotisierenden Therapeuten zu sehr als einen göttlich agierenden Arzt angesehen, sich einem Abhängigkeitsrausch hingegeben und damit geglaubt, in jenseitigen Sphären zu wandeln. Freud wollte daher eine moderne Heilserfahrung begründen, bei der der Kranke wach und mündig bleiben sollte. Doch die Katharsis als solche ist wissenschaftlich begreifbar und für sich nutzbar. Eine Hypnose ist nicht notwendig, eher wird ein selbstsuggestives Element benötigt, das unproblematisch ist, und als solches habe ich es in die erste Übung der *Analytischen Psychokatharsis* eingebaut.

Die Religion eignet sich also nicht zur wissenschaftlichen Psychotherapie oder gar zu einer revoltischen Verinnerlichung, so sehr sie auch eine Verinnerlichungs-Methode ist. Die Sublimierung mittels Ritual, Gebet und konfessioneller Gemeinde ist weit entfernt, die frühen Selbstspiegelungen (*Strahlt*) und Verdrängungen (*Spricht*) aufzuheben und neu zu ordnen. Auch einfache Meditations- und Yogaformen, wie die im Westen beliebten Hatha-Yoga-Schulungen, Entspannungs- und Achtsamkeitsverfahren und die hunderte von esoterisch gebundenen Meditationsmethoden, erwähne ich nur pauschal. So kommt der Yoga B. K. S. Iyengars z. B., der im klassischen Yoga Patanjalis wurzelt, und dessen Übungshierarchie von den Körperübungen (Asanas) über Atemtechniken (Pranayama) bis zur sechsten von acht Stufen (Dharana) reicht, nicht zum letzten Ziel, zu dem glücklichen Versenkungszustand (Samadhi), der der ‚Jouissance' (auch eine Form der Katharsis) gleicht. Bei Iyengar stehen die Körperübungen im Vordergrund und werden durch Stützmaßnahmen erleichtert. Trotz dieser Hilfen kommen die meisten Schüler des Iyengar-Yogas, aber auch aller sonst im Westen üblichen stark körperbezogenen Techniken meist nicht weiter als bis zur Stufe des Pranayama, der Atembeherrschung.

Im Gegensatz dazu zielt der mehr direkt auf das sogenannt ‚Spirituelle' bezogene Yoga – wie etwa der Surat-Shabd-Yoga oder auch die Zenmeditation M. Ricards – auf die völlige Befreiung der Seele von den sie bedeckenden Hüllen, den Koshas, von denen Pranmai-Kosha der gerade geschilderten Ebene des Pranayama entspricht und die in solch mehr passiven, meditativen Yoga nicht durch Atemkontrolle erreicht und überwunden wird.[86] Es geht vielmehr um rein konzentrative Übungen, die z. B. in dem System des Surat Shabd Yoga gemacht werden, doch der enorme indo-asiatische Hintergrund all dieser Verfahren und das massive Hineinsteigern in eine ‚spirituelle' Positivität, verhindern das für die westliche Wissenschaftskultur nötige verstandesmäßige Begreifen..

---

[86] Ricard, M., Singer, W., Jenseits des Selbst, Dialoge zwischen einem Hirnforscher und einem buddhistischen Mönch, (2017)

Zu viel Positivität des *Anderen* bzw. der „Jouissance' be-
kämpfte allerdings auch Freud, als er sich mit dem Schriftsteller R. Rolland über den richtigen Zugang zum Unbewussten stritt. Rolland wollte Freud überzeugen, dass das
„ozeanische Gefühl" (etwas Ähnliches wie der Samadhi
und die ‚Jouissance'), das er in Indien gelernt hatte, der
wesentlichste Zugang zum Seelenleben des Menschen
sei.[87] Nun ist es für eine Verinnerlichung ins tiefste Selbst
sicher kein Fehler, wenn es neben einer Erkenntnis und
Enthüllung auch eine aufwühlende Gefühlserfahrung gibt.
Gerade die Katharsis im Moment einer Einsicht kann Letztere verstärken und so die eigentliche Verinnerlichungs-
Revolte ermöglichen. Sie kann durch die Anhebung der
Übertragungsgefühle zur entscheidenden Deutung in den
Pass-Worten überleiten. Mittels der Deutung im *Pass-
Wort* wird dieser Übertragungsteil gelöst, die Ur-Übertra-
gung bleibt weiter komplikationslos bestehen.

Gegenüber R. Rolland verteidigte Freud jedoch weiter
seine Ansicht, die menschliche Seele müsse wissenschaftlich und mit nüchterner Skepsis erforscht werden, und ge-
riet dabei ins nüchtern Sachliche und auch ein bisschen ins
Pessimistische. Doch es muss wohl eine Kombination von
Intellekt und Verzückung geben, die allen Seiten gerecht
würde, und so weise ich nochmals kurz auf M. Ricard (und
seinen Koautor W. Singer) hin, in dem um das wahre

---

[87] Freud, S., Das Unbehagen in der Kultur, Studienausgabe
Fischer Bd. VII, (1994)

‚Selbst' gestritten wird. Ricard, der westliche, buddhistische Mönch, betonte das ‚primäre Gewahrsein', eine **a** priori bestehende Bewusstheit, sozusagen ein Über-Selbst. Dem kann der Neurowissenschaftler nicht und auch der herkömmliche Psychoanalytiker nur begrenzt zustimmen. Nur Lacan favorisiert es in dem Begriff des ‚Ex-Sistierenden'.

Die zu überschwänglich antik-mythische, aber auch die zu nüchtern-kalte moderne Wissenschaft einschließlich der klassischen Psychoanalyse eignet sich also nicht so gut für eine gelungene Selbstverinnerlichung, die eine Einung, Einswerdung mit dem *Anderen* in einem selbst beinhaltet. Das Wort ‚Verschmelzung' klingt diesbezüglich zu libidinös, nicht genug desexualisiert. Einen Ausweg sehe ich nur in der Form der Psychoanalyse, wie sie Lacan entwickelt hat und wie ich sie versuche, in anderer Form, nämlich mit dem völlig gleichwertigen Schwergewicht auf dem imaginären und symbolischen Signifikanten, dem Bild-Wort-Wirkenden, verständlich zu machen. Nur so kann das Wesen der Eins, des Vereinens, des Selbstsublimierens als Eins-Erfahrung, erreicht sein.

7. Eins fehlt.

Man hat die Mengenlehre entwickelt, um der Tatsache gerecht zu werden, dass man vernünftigerweise nicht mehr
mit der Eins zu zählen beginnen soll, sondern mit der Vielheit. Wirksames Eins-Sein wird immer – und gerade heute
im digitalen Zeitalter mit seinem 0-1-Alternieren – nur
eine „numerische Extravaganz" bleiben, eine Scheinbeziehung, ein Etwas, „was aus dem Feld der [eigentlichen]
Eins herausfällt".[88] Denn es ‚ex-sistiert' Eins, Eins per se.
Und so ist nur die Menge, selbst wenn sie leer ist und kein
Element enthält, die eine Eins, die man also gesetzt hat,
um nicht einfach nur 1,2,3,4, etc. zu zählen, sondern aus
der Menge heraus zurück zu rechnen, von woher die Eins
eine andere mathematische Bedeutung erhält, weil das
Element in ihr jetzt die zweite Eins ist. Damit – so seltsam
es klingt – kann man jetzt Psychoanalyse nach Lacan machen.

Die Menge enthält ja Elemente, und wenn es nur eins ist,
so vermittelt dies die zweite Eins, und die Unifizierung,
die Vereinung, Ver-Einsung, die sich die Menschen in so
vielen Situationen wünschen, fällt wieder in sich zusammen. Deswegen rede ich jetzt nicht mehr darüber, weil ja
ohnehin klar geworden sein müsste, dass meine Absicht
darin besteht, jeden Einzelnen sein Eins-Sein selbst erfahren, konzipieren und kreieren zu lassen, indem ich ihm auf

---

[88] Lacan, J., Séminaire XIX, edit. Seuil (2011) S. 142 - 143

der Ebene des *Strahlt/Spricht* (die noch eine Zweiheit enthält), die formalste Formulierung in die Hand gebe, die möglich und nötig ist, um die Eins als Reales zu fassen, wo also die Eins Eins ist. Denn es ist gut, die Einheits-Eins noch vor dem Tod, dem großen Vereiner, dem Kompagnon des Orgasmischen, dem befriedenden Erlöser der Verschmelzungslust, zu erlernen. „Weder die Sonne noch den Tod kann man fest anblicken,"[89] aber man kann sich von ihnen bestrahlen lassen, durchkribbeln, im Vereinigungsrausch ‚durchrieseln' lassen, wie ich eingangs schrieb.

Die Philosophin S. Flasspöhler beschäftigt sich viel mit dem Tod. Er begleite einen von Anfang an, sagt sie, und es wäre fatal, ihn nur zu fürchten. „Die Logik kippt, an der die Todesfurcht echte Lebendigkeit verhindert" und somit nur ein „antizipiertes Tod-Sein" resultiert.[90] Daher kommt es nicht nur darauf an, gut zu leben, sondern auch „gut loslassen zu können", also gut zu sterben. Sie stellt sich das aber so vor, dass sie nach einer durchzechten Partynacht, in der man die Biere nicht mehr zählen konnte, nach Hause geht und in der wohligen Bleischwere, die einen dann überkommt, für immer einschläft. Es klingt nach einem durch reichlich Alkohol verursachten Rückwärts-Sterben, nach einem verharmlosten Suizid. Ich plädiere für ein Sterben nach vorne, zwar nicht in ein Leben nach dem

---

[89] La Rochefoucault, Maximen und Reflexionen, Reclam (2005) S. 6
[90] Flasspöhler, S., Endlichkeit, SZ-Interview vom 19.12. 20, S. 56

Tod, aber für eines i m Sterben, eines in der Agonie des Liebesaktes, eines mittendrin.

Ich habe dazu ausführlich in meinem Buch ‚Zweimal den Tod überlisten' Stellung genommen, weil ein Neurowissenschaftler (N. Sestan in der Zeitschrift Nature) nachwies, dass das Gehirn auch noch lange Zeit (mehrere Stunden) nach dem heute durch EEG und andere Maßnahmen festgestellten Tod weitere Aktivitäten verzeichnet. Da lebt noch etwas im Sterbeprozess, eine Vereinigung, Einung, die im üblichen Leben – wie ich schrieb – nie erreicht wird, schon gar nicht in der Scheinbeziehung des Emotionalen und Sexuellen. Aber warum sollte sie nicht im Sterben, in diesem doch anscheinend etwas länger anhaltenden agonischen Liebes-Leben möglich sein? Es muss ja nicht der Über-Eros eines oder einer Außerirdischen sein, ein Gott, eine Göttin, ein universaler, liebevoller Vater, der einen da erwartet. Aber der, die, das Eine, einsseiende Andere, könnte es sein, mit dem man noch – eine wertvolle Zeit lang, ja für immer – verschmelzen könnte?

Da nämlich, und nur da, ist das Wort ‚Verschmelzung' zutreffend, weil es um das Wesen der Katharsis geht, die sich immer wieder so anfühlt, aber die auch im *Pass-Wort* die endgültige Verinnerlichung, Lösung und Einung erreicht. Wenn ich ständig von der gelungenen, reifen, fertigen Kombination des *Strahlt* und *Spricht* gesprochen habe, dann beginnt es nicht nur in diesem Sinne des mehr als nur augenblicklich vor sich gehenden kathartischen Hinübergleitens ins reine Körperbildliche. Das soll heißen, dass in der *Analytischen Psychokatharsis* schon während der ersten Übung etwas Ähnliches wie eine Einsheit erreicht wird, aber wenn die unbewussten Körperbilder sich ineinander ver- und überlappen, wird dem *Anderen* auch die Möglichkeit zu sprechen gegeben. Es passiert sogar dieses Übereinandergreifen aller Pixel und Phoneme, in die eintauchend man mit ihnen eins wird, wodurch der Boden für die *Pass-Worte* bereitet ist. So zu leben, nämlich mit diesen Identitäts-Worten, dieser verspäteten Taufe, dieser Selbstnominierung, das Ziel der Einsheit zu erreichen, ist der letztliche Sinn einer inbrünstigen und reifen Selbstverinnerlichung.

Es ist schade und ein großer Fehler, so haltlos, so durch Partystress und Alkohol betäubt, wie Flasspöhler schreibt, in dieses Zwischenreich zu gehen, das einem die Netz-Psycho-Neurologie des *Strahlt/Spricht*, die zweifellos mit Liebe zu tun hat, immer wieder im Leben und speziell auch vor dem allerletzten Ende noch ermöglicht. Die Diskutanten, die die Arbeit des Neurowissenschaftlers N. Sestans kommentierten, versuchten, die Bedeutung seiner Aussage herunterzuspielen, indem sie sagten, dass doch in dieser Zwischenphase zwischen dem medizinisch festgestellten Ende und dem endgültigen Tod keine „höheren Hirnleistungen" mehr vollbracht werden könnten und damit das physische und seelische Leben keinen Sinn haben würde. Doch wenn es auch nach einem Dahinvegetieren aussieht, in der Psychoanalyse bemühen wir uns mit allen Mitteln um das, was ich bereits als gesunde Regression erwähnt habe, nämlich das Zurückfahren der höheren Hirnleistungen zugunsten der spontanen, reduzierten und vereinfachten Denkvorgänge, also nicht gerade der ‚niederen Hirnleistungen‘, aber doch der elementaren. Darauf kommt es doch an.

Nicht umsonst liegt der Patient der Psychoanalyse auf der Couch und muss wie in halber Trance ‚frei assoziieren‘, muss Versprecher und eingestandene Peinlichkeiten in Kauf nehmen, damit das Unbewusste aus sich herausplappert, was sonst jeder komplexe Gedanke ‚höherer Hirnleistungen‘ nur zerstören würde. Diese diskutierenden Wissenschaftler wissen nicht, wofür es gut ist im regredierten Zustand fast glossolalisch und wie ‚unter sich lassend zu reden‘, Traumfetzen zu erzählen, in Tränen auszubrechen oder auch mal dem Therapeuten ein paar Schimpfausdrücke an den Kopf zu werfen. Im Zustand tiefster Regression gibt es nur noch diese Eins, dieses direkte symbolisch-imaginäre Objekt erotisch-gewaltsamerer Verschmelzung, in der zu verweilen, das noch restliche Leben lohnt. Mitten in der Verschmelzung passiert der wahre, der unterschiedslose, ja kann man überhaupt noch sagen – Tod?

Oder anders gesagt: Nur Eins fehlt, die von der Vielheit der Menge zurückgestufte Eins, die kein Tod mehr ist, aber mit der Ur-Übertragung zu tun hat. Gegenüber der üblichen Übertragung bietet die von mir konzipierte Ur-Übertragung, die in diesem Zwischenreich noch Geltung hat, viele Vorteile, um diese endgültigen Vorgänge zu erklären. Sie ist umfassender, definitiv wissenschaftlich und direkter als jede Kunst oder Philosophie, aber auch als die herkömmliche, klassische Psychoanalyse. Sie ist die Voraussetzung für das Verschmelzungsereignis und die mitten darin stattfindende Enthüllung (*Pass-Wort*), für die die übliche Übertragung und deren Deutung nicht ausreicht. Wenn deren Inhalte an Bedeutungen aus früheren oder anderen Beziehungen auf den Psychoanalytiker transferiert sind, muss dieser herausfiltern, auf welche Bezugspersonen oder Gegebenheiten sich die Assoziationen des Klienten beziehen. Er muss sie dann so umformulieren, dass dieser sie nun auch als seine annehmen und verarbeiten kann. Meist sind die Assoziationen jedoch nicht so frei, wie sie sein sollten, sie kommen aus dem Bewussten oder Vorbewussten, und meist kann auch der Therapeut nicht sofort die Übertragungsbeziehung erkennen, aus der heraus er eine Deutung des Gesprächszusammenhangs geben kann.

Dazu kommt das Phänomen der Gegenübertragung, die Lacan eher als störend auffasste. Die Gegenübertragung ist eine Reaktion des Psychoanalytikers auf die Übertragung des Klienten und beinhaltet auch alles nicht Symbolisierte, das den Therapeuten selbst betrifft, aber auch, was er unbewusst in die Therapiebeziehung einbringt: sein Husten, das Schwanken seiner Stimme, seine vorschnellen oder fehlenden Interpretationen, sein Äußeres, das der Klient trotz des Settings (der Therapeut sitzt hinter der Couch, auf der der Patient liegt) bei Begrüßung und Verabschiedung wahrgenommen hat, und vieles andere mehr. Vor allem, dass es der Therapeut selbst ist, der – wie Lacan betonte –

in der Therapie eher ein Hindernis ist und selbst die meisten Widerstände im Analysevorgang produziert, stört in der klassischen Form der Psychoanalyse. All dies entfällt bei der auf die Leere vor einem gerichteten Ur-Übertragung, die dafür umso mehr Kraft hat, das verschlossenste Unbewusste zu öffnen, weil nur aus solcher Gegensätzlichkeit (Gegenbesetzung, wie Freud sagte) sich eine Klärung anbahnen kann.

Diese lässt sich nämlich vereinfacht erfassen, wenn man sie als einen der Ur-Verdrängung parallel liegenden Vorgang versteht. Die Ur-Übertragung, die irgendwie und idealerweise mit der Ur-Verdrängung korreliert, wird in der herkömmlichen Psychoanalyse nicht erwähnt. Die positive Einstellung zu einem Gegenüber kommt ja letztendlich überall, auch außerhalb der normalen psychoanalytischen Sitzung vor und wird eben auch Übertragung außerhalb der im Sprechzimmer stattfindenden Analyse genannt. Manche sprechen auch von ‚wilder Übertragung‘, obwohl sie mit Wildheit nicht viel zu tun hat. Schon der Natur, der Physis unterstellt man ein Wissen, das verursacht, dass man sie liebt, sich in ihren Schätzen badet oder sie in ihren Regenwäldern heimsucht. Man beutet Flora und Fauna der Natur aus oder nutzt sie auch in Form ihrer Medikamente zur Lebensverlängerung oder Lebensverbesserung. Man liebt sie, aber antwortet sie auch auf diese Liebe?

Mystiker behaupten das, doch die Antwort der Natur kann keine sprachliche, logische, moralische, signifikante, bildwort-wirkende, intersubjektive, etc. sein. Der Philosoph E.

Coccia hat eine philosophische Antwort im Kontext der Natur gegeben, die wunderbar ist, aber man kann sich kein Stück davon abschneiden.[91] Noch weiter ist J. Bennett in ihrem Buch hinsichtlich einer Antwort der Natur gegangen, indem sie vereinzelte Nachweise zu erbringen versucht: „Wann sollte diese Aussage [dass die Materie lebt] plausibler sein als heute, wo ein kleines Virus die ganze Welt in Atem hält"? schreibt sie.[92] Bennett entwirft ein philosophisches Modell, das es erlaubt, Dinge tatsächlich als aktiv-handelnde Faktoren in der Welt zu begreifen. Dieser „vitale Materialismus," wie sie ihre Position nennt, beruht auf der Annahme, dass die Unterschiede zwischen der menschlichen, tierischen, pflanzlichen und mineralischen Seinsweise nicht ganz so eindeutig festzulegen sind, wie es die westliche Denktradition üblicherweise nahelegt.

Doch so plädiert Bennett wie viele andere, so z. B. auch die Philosophin E. v. Redekcr, für eine ökologische, humanitäre und vor allem feministische Revolte, die ganz gegen jede Form des Kapitalismus gerichtet vorwiegend nur der Natur dienen soll.[93] Aber hat sie sich vorher schon selbst in Frage gestellt, analysiert, verinnerlicht? Natürlich sind Ökologie, Klima- und Umweltschutz, gegen Rassis-

---

[91] Coccia, E., Die Wurzeln der Welt. Eine Philosophie der Pflanzen, dtv (2020)
[92] Bennett, J., Lebhafte Materie. Eine politische Ökologie der Dinge, Matthes & Seitz (2020)
[93] Redeker, E. v., Revolution für das Leben: Philosophie der neuen Protestformen, S. Fischer (2020)

mus und Gewalt an Frauen und was sonst noch auf der grünen Agenda steht, dringend notwendig. Aber gleich eine Revolution daraus machen, die dann vielleicht auch das Fliegen, größere Autos und ein Schwimmbad im Garten verbieten wird? Ein ‚Zurück zur Natur', wie es bereits Henri Rousseau forderte, während er seine Kinder ins Findelhaus brachte, wird uns nicht nur kleiner machen. Im Verhältnis von Ur-Verdrängung und Ur-Übertragung spielt die Natur eine Nebenrolle.

Ich plädiere für eine Verinnerlichung ohne ideologischen, ohne akademischen und auch nicht unbedingt freudianischen Bezug. In der *Analytischen Psychokatharsis* wird nur zu einem Teil ein meditativer Zugang gewählt, bei dem es wichtig ist, dass man das Gefühl absoluter Sicherheit haben muss. Heute bedarf es exakter wissenschaftlicher Grundlagen, wozu auch der analytische Teil der zweiten Übung gehört. Das Verfahren selbst kann ich im Grunde auf drei Seiten beschreiben und werde dies auch im Weitern und speziell im Anhang tun. Während der erste Teil (erste Übung) des Verfahrens meditativ aufgebaut ist, ist der andere Teil des Verfahrens analytisch strukturiert, weshalb ich die gesamte Methode ja *Analytische Psychokatharsis* nenne. Der kathartische Teil ist der mehr meditative, der analytische der, den ich schon eingangs mit dem rätselhaften Gedankenhören erwähnte.

Obwohl dieser Gedanke in dem von mir selbst geschilderten Beispiel (Jeder kann einem Pfennig ersetzen) schon relativ klar war, bedurfte es doch einer kleinen analytischen

Nachbehandlung. Was sagt des Unbewusste hier wirklich? Vor kurzem erfuhr ich wieder so einen Gedanken, und so will ich nochmals ein Beispiel geben, das den Kern der Verfahrensschilderung schon etwas vorwegnimmt. Ich dachte oder erfuhr oder hörte in mir: „Etwas noch einmal abmerken." Abmerken? Aufmerken könnte noch normal klingen. Auch ‚noch einmal etwas abhaken' oder ‚anmerken' würde gehen. ‚Abmerken' jedoch war seltsam und doch ganz sicher auch die entscheidende Vokabel im ganzen Satz oder besser in der ganzen Phrase, die Lacan zufolge nun tatsächlich diesen 'ultrareduzierten' Charakter hat. Darauf komme ich noch zurück, jetzt aber nochmals kurz zum Wort ‚abmerken'.

Es scheint ums Merken, aber auch um dessen Gegenteil zu gehen. Etwas weg oder abzutun. Ich glaube, man muss kein Psychoanalytiker sein, um hier wieder an die Ur-Verdrängung zu denken. Das Ur-Verdrängte ist eben nicht nur ein Sachvorgang, ein Sein, das weggeschoben ist, sondern auch ein Nein-Sagen, das verdrängt ist. Gegen dieses Nein richtet sich die Eins der Ur-Übertragung, und was durch die Ur-Verdrängung gemerkt und eingeprägt wurde, ist wegen des traumatischen Charakters auch sofort wieder abgemeldet, ‚abgemerkt' worden. Aber es meldet sich von dorther im Sinne des Wiederholungsgeschehens ständig wieder, sodass hier der wesentlichste Angriffspunkt für den Analytiker bestünde. Aber er kann das Unbewusste an der Eins und in dieser elementaren Tiefe des Abgemerkten nicht packen.

Es klappt in der herkömmlichen Psychoanalyse nicht mit dem Angriffspunkt des Wiederholungsgeschehens. Es gibt keine inneren Repräsentanzen dafür, keine psychischen, zonalen ‚Objekte', an denen man angreifen könnte. Für die *Analytische Psychokatharsis* liegt hier jedoch die Chance. Sie nutzt die Wiederholung im positiven Sinne. Diese Unterscheidung in gute und schlechte Wiederholung ist in der Psychoanalyse wichtig. Die Psychoanalytikerin A. Bitsch schreibt, dass „die schlechte Wiederholung sich stets auf eine ‚Washeit', auf ein Objekt oder eine Idee bezieht . . . einen mit sich identischen Begriff, während die gute Wiederholung das Subjekt selbst als ein Medium, als die Operationalisierung von Ur und Sache bis hin zur wahren Ursache führt".[94]

Die unbewussten Wiederholungen, das von mir schon eingangs erwähnte Wiederholungsgeschehen, das wie gesagt als ein unbemerkter (abgemerkter!) Zwang abläuft, ist laut Freud das problematische, leere Wiederholen, weil es dem Todestrieb, der Ur-Verdrängung, nahesteht bzw. sie direkt bedeutet. Unbewusst immer in die gleichen Spuren einzutauchen, kann nicht gut sein, denn man kommt ja dann nicht weiter und nicht vorwärts, und so holt einen der Tod irgendwann und eben letztlich zu voreilig ein. Die *Formel-Worte* zu wiederholen, die das Unbewusste zur Herausgabe von *Pass-Worten* provozieren, stellt dagegen eine gute, eine positive Wiederholung dar. Sie bewirken eine

---

[94] Bitsch, A., Diskrete Gespenster, transkript (2011) S. 121

Progression, während die schlechte, unbewusste Wiederholung regressiv ist.

Das leere, schlechte Wiederholen, das reine Wiederholungsgeschehen im Unbewussten, hat auch etwas mit der
frühen Spiegelungsfunktion zu tun, mit dem COO, dem
blinden *Strahlt*, dem Identifizieren. *Es* ist die Spiegelseite
des *Anderen*, „wo sich die wiederholte Beziehung des Ichs
– in seinem pathetischen Oszillieren – zu jenem Bild kon-
stituiert, das sich ihm darbietet und mit dem es sich identifiziert".[95] Das heißt, hier wird genau die Seite des *Anderen* herausgestellt, die mit dem Blick-Bild-Wirkenden zu
tun hat, was Lacan auch das „Auge des Anderen" oder die
„ultrasubjektive Ausstrahlung" nennt, kurz: das ‚Licht'
des Luziden, das *Es Strahlt*, das einen vom *Anderen* her
anblickt. Zu diesem Blick muss dann eben auch noch das
Pass-Wort kommen, das man auch ein ‚Einmerken' nennen könnte. Denn das Ziel meines Verinnerlichungs-Ver-
fahrens besteht nicht nur in der Katharsis, die man sich
nicht merken, nicht festhalten kann, sondern auch in dem,
was sprachliche Enthüllung ist: wirkliche Aussage, die einem ewig bleibt. Deswegen können – im umgekehrten
Sinne – auch einfache Worte viel stärker verletzen als die
grauenhaftesten Bilder.

Mich erinnern diese Geschichten mit dem blickenden
‚Licht' des Luziden an die moderne Physik, die davon ausgeht, dass wir in einem Multiversum leben, das sich aus

---

[95] Lacan, J., Seminar VIII. Passagen Verlag (2001) S. 432

zwei, drei oder mehr Universen zusammensetzt und eines dieser Teiluniversen (sagen wir z. B. das unsrige) mit einem anderen derartigen Teil- bzw. Paralleluniversum in einer ganz bestimmten minimalen Form wechselwirkt. Die Wechselwirkung wird in erster Linie von den Schwerkraftwellen oder -teilchen getragen, die also zum Paralleluniversum oder zum sogenannten unsichtbaren Teil des Universums eine Verbindung herstellen. Diese Durchtunnelung, die wegen ihrer Kleinheit auch ‚Wurmloch' genannt wurde, ist nicht nachweisbar und wird es vielleicht auch nie sein, aber wenn man doch sehr plausibel auf sie schließen kann, hat sie eine Bedeutung. Es sieht so aus, dass damit die Hauptkräfte drüben auf der anderen stets unbekannten Seite liegen, im Paralleluniversum, im Off, im Jenseits, und das lässt es zu, wieder den Sprung zurück zur Psychoanalyse Lacans zu machen.

Ihr bleibt nämlich hinsichtlich des ‚Lichtes, das einen anblickt' nur ein Ausweg im Phänomen des ‚Irrlichts', das aus dem unsichtbaren Teil des Universums kommt „Der Psychoanalytiker ist wie ein Irrlicht. . . Das Irrlicht erleuchtet nichts," sagt Lacan, „es kommt sogar gewöhnlich aus irgendeiner Pestilenz hervor. Das ist seine Stärke".[96] Und genau diese Stärke findet sich auch in der ersten Übung der *Analytischen Psychokatharsis*, wo das Luzide der *Es Strahlt* erscheint und beglückt, doch als Irrlicht führt es zur zweiten Übung, wo es zu den entscheidenden

---

[96] Lacan, J., Seminar XXI, Vortrag vom 23.4.74

Pass-Worten kommt, die als direktes analytisches Vorgehen den Weg durch die défilés logiques', durch die ‚signifikanten Engführungen' – wie Lacan sie nennt – hindurch schafft, die an das ‚Wurmloch', an die Andersheit dieses Gegen- oder Paralleluniversums erinnern.

Das Wort ‚Engführung' sagt schon alles. Es ist ein mühsamer Vorgang, sich in einer Psychoanalyse da hindurch zu quälen. „Halten Sie gut fest," sagt Lacan daher, „dass gar bevor ein Objekt im erotischen Sinne des Ausdrucks geliebt wird – in dem Sinne, in dem der Eros des geliebten Objekts als Bedürfnis wahrgenommen werden kann – die Setzung des Anspruchs als solcher bereits den Horizont des Anspruchs auf Liebe erschafft."[97] Mit anderen Worten: Liebe ist nie ganz frei vom Hunger – nach ihr, nach ihr selbst, denn sie ist auch das erste Wort. Stets steckt ein unbewusster Anspruch, Liebesanspruch, das erste *Es Spricht* dahinter. Und genau darauf gibt die reife Verinnerlichung, die Katharsis und das *Pass-Wort*, eine befriedigende Antwort.

---

[97] Lacan, J., Seminar V, Verlag Turia-Kant (2006) S. 503

8. Das weibliche Gesetz.

Hinsichtlich dieses Liebensanspruchs und der Liebe als solcher habe ich schon Mitscherlichs Lösung zitiert, die trotz ihres Höhenflugs nicht ganz ausreicht. Ich habe au die ‚detached love' des Psychoanalytikers G. Kohon erwähnt, die vielleicht auch etwas lahm erscheint.[98] Lacan meint allerdings, Liebe gäbe es ohnehin nur zu einem *Namen*, wobei er diese Kennzeichnung lange Zeit mit dem Symbol des Vaters verbunden hat, dieses zitierten ‚Vaters der Vorzeit' oder einer Vater-Metapher oder des Vater-Namens eines lustvoll martialischen Schöpfers. Gegen Ende seiner Lehrtätigkeit konstatierte Lacan jedoch, dass er fälschlicherweise früher „in verschiedenen Registern vor allem die Vatermetapher erkundet habe, den Eigennamen. . . Ich werde das jedoch nie wieder machen, ich werde das nie wieder machen," beteuerte er fast jammernd, um dann den erwähnten Hinweis auf die Ebene der logischen Struktur zu bringen, die ihre Rechte habe.[99] Die Struktur der Logik oder die ‚selbstlogische Struktur', wie

---

[98] Dass Mitscherlichs Höhenflug nicht ganz ausreicht, hat damit zu tun, dass nicht jeder diesen privilegierten Weg gehen kann. Freud hatte für die Laienpsychoanalyse geworben, doch die etablierten Macher, die nach ihm kamen, haben dies verhindert. Bis heute dürfen nur Ärzte daran teilnehmen. Anders bei Lacan, dessen Community aber klein geblieben ist.

[99] Lacan, J., Seminaire Nr. XIX, Ed. Seuil (2011) S. 104

ich sie nenne, passt besser für die grundlegende Liebe, die Liebe per se, ist aber wieder sehr theoretisch-abstrakt.

Doch wenn ich nun wieder darauf zurückkomme, ob es mit dem Weiblichen besser gelingt, ob mit dem weiblichen Über-Ich, der weiblichen Wissenschaft oder einfach mit d e r Frau, der Frau als solcher, was passiert dann? Auch dann kommt wieder Lacan zu Hilfe, der also – allerdings aus ganz anderen Gründen – behauptet hatte, dass es d i e Frau überhaupt nicht gibt. Freilich ist er dafür mit Shitstorm überzogen worden, und zwar nicht nur, als der Corriere della Sera schrieb: „Per il dottore Lacan le donne non esistono". Natürlich gibt es Frauen, aber eben nicht d i e, die mit dem universalisierten Artikel, die absolute. Es gibt eben nur immer wieder eine Frau, „eine jede für einen jeden." Ohnehin würde das Leben eines Mannes nicht ausreichen, um nur einer zu genügen, sinnierte Lacan endgültig zu dieser Thematik. Aber die logische Struktur ist eben auch nicht das Ende aller Weisheit.

Auch davon habe ich schon geschrieben, dass die Frau, leider nur zum Zug kommt, wenn sie in einen generellen, nicht nur symbolischen, sondern auch in einen kreativ gestalteten, kunstvoll gemalten und ernsthaft geregelten Rahmen gestellt wird, also in eine durch Bild, durch Sichtbarkeit, durch Ästhetik und Satzung geformte Fassung.[100]

---

[100] Vor allem das Topologische korreliert wiederum gut mit dem nicht nur männlich-väterlich-logischen Rahmen, sondern eben einem zumindest vom Geschlecht her anderen Gesetz.

Ja, Lacan spricht sogar von einer Art der ‚Verstaatli-
chung‘, durch die die Frau Sicherheit und Geltung bekommen würde, was freilich wieder einmal sehr krass und
missverständlich klingt.[101] Doch er meint es anders, indem
nämlich die Frau viel besser als der Mann den Buchstaben
repräsentiert, also das Gesetzmäßige widerspiegelt, repräsentiert sie es jedoch mehr wesentlich als wissentlich,
mehr sinnenhaft als szientistisch.

Eben von daher, dass die Frau den Buchstaben außerhalb
des wissentlichen Gesetzes verortet, „hinsichtlich dem sie
durch die Wirkung ihrer Ursprünge stets in der Position
des Signifikanten, ja des Fetisches in Schranken gehalten
wird,“ ist sie Frau wie die „Königin an Seite des Königs,“
also quasi ‚gut situiert‘, super ausstaffiert, signifikant po-
sitioniert. Was also auf dem Schein-Sexuellen beruht, dem
Geschlechtlichen der Geschlechter seit jeher, könnte noch
unterstützt sein durch den königlichen Schein-Adel, so
versucht es zumindest Lacan. Das wird den Frauen von
heute aber nicht ganz passen. Denn das Geschlecht der
Frau zu haben und dazu noch das Adelsgeschlecht, würde
zwar eine doppelte verbuchstäblichte Garantie schaffen,
jedoch außerhalb jeder Realität. Man kann es aber vielleicht vom Aspekt des Genießens her sehen, denn hier
ergeht es der Frau anders.

Sie schätzt das ihr eigene Genießen, die vielbesagte
‚Jouissance‘, zu wenig, heißt es zwar, und hält sich zu sehr

---

[101] Lacan, J., Séminaire XVIII, Édition Seuil (2006) S. 132-133

an das Genießen des Mannes. Dazu muss er sie aber zu einer gewissen Höhe des *Anderen*, des *Autre*, des **A**, bringen, denn wo bleibt sie wirklich?[102] Es gibt keinen direkten Garanten für das Genießen des Einen bezüglich des *Anderen*, des anderen Körpers z. B. „Es gibt keinen Garanten, dem man im Genießen des Körpers des *Anderen* begegnen könnte."[103] Es gibt auch keinen Garanten der Wahrheit des *Anderen*, „der einzige reale *Andere* – denn es gibt keinen Anderen des Anderen, nichts, was die Wahrheit des Gesetzes garantieren würde – denn der einzige reale *Andere* wäre derjenige, dessen man ohne das Gesetz genießen könnte. Diese Virtualität definiert den *Anderen* als Ort: das ‚Ding‘, das insgesamt ausgelöscht und auf seinen Ort reduziert ist. Dies ist der *Andere* mit großem **A** ohne Querstrich."[104]

Ich möchte mich hier nicht lange über das Lacansche ‚Ding‘ verbreiten, das sozusagen das weibliche Pendant, die weibliche, ergänzende Wissenschaft zum *Anderen* als einem zwar nicht pur männlichen, sondern eher männlichen Herrn ist, bzw. eben dessen Wahrheitsspiegel, oder Wahrheitsblick darstellt.[105] All diese Aussagen erinnern

---

[102] Allegorische Bemerkung: Einer meiner Patienten jammerte mehrfach darüber, er müsse seine Frau schon vor dem Liebesakt bis in den siebten Himmel bringen, sonst ginge gar nichts.
[103] Lacan, J., R.S.I, Übersetzung Seminar XXII, M. Kleiner S. 24
[104] Lacan, J., Seminar IX, 4. 4. 1962; Übersetzung R. Nemitz
[105] Lacan, J., Seminar VIII, Passagen-Verlag (2001) S. 432, wo Lacan wie schon erwähnt auf den ‚Idealblick‘ des *Anderen*

hin-sichtlich der Bedeutung des ‚Dings‘, dieses seelischen Ortes, auch an Goethes ‚Ewig Weibliches’, von dem er am Schluss seines Fausts, Teil II der Tragödie, schreibt, dass es uns ‚hinan zieht’.[106] Mein Lehranalytiker O. Graf Wittgenstein meinte, dass darin eher ein ‚hin’ und ‚heran’ stecken würde, also eher wieder eine sexuelle Metapher, und nicht ein ‚hinauf’, wie ‚hinan’ im üblichen Sinn wohl verstanden würde. Freilich befriedigt das alles nicht. Die Goethe-Kommentare werden jedoch nicht müde, hinsichtlich dieses ‚Ewig *Weiblichen*‘ von dem eher ‚entsagenden‘, aufs Unendliche gerichteten Streben nach Liebe und kosmischer Vollkommenheit zu reden.

Goethes Beziehung zu Charlotte von Stein wird demnach gerne als eine erste Stufe dieses Weiblichen in seinem Leben bezeichnet, zu dessen Gesetz dann jedoch Goethes etwas vulgorative Ehefrau Cristiane Vulpius und sein Altersschwarm, die 54 Jahre jüngere Ulrike von Levetzow nicht so recht passten. Ganz im Sinne Lacans und ähnlich seiner Ausdrucksweise schreibt auch die Germanistin und Philosophin S. Appel, dass „Die Frau nichts vom Gesetz weiß, das sie verkörpert,“ aber der Mann nutzt das immer

---

verweist, der damit die weibliche Seite dieses *Anderen* bedeuten soll.

[106] ‚Alles Vergängliche Ist nur ein Gleichnis; Das Unzulängliche, Hier wird's Ereignis; Das Unbeschreibliche, Hier ist's getan; Das Ewig-Weibliche zieht uns hinan.’

aus.[107] Ich habe diesen Zusammenhang bereits mit der Beschreibung des Spiegel- und Wahrheitsblicks als der weiblichen Seite des *Anderen* angedeutet, dessen Wissen wie das gesamte Unbewusste disharmonisch und damit unweiblich ist.

Das Wissen müsste sich die Frau selbst beibringen, indem sie über Mitscherlichs Psychoanalyse, Siri Hustvedts Frauenforschung und E. Bronfens Leichenmetapher hinauskäme. Diese Stellungnahmen von Frauen, insbesondere letztere, beziehen sich darauf, „dass der Tod einer schönen Frau," wie es Edgar Allan Poe 1846 proklamierte, „ohne jeden Zweifel das poetischste Thema auf der Erde ist". Mein Gott, was sich Männer alles einfallen lassen! Die poetische Koppelung von Weiblichkeit und Tod könnte man leicht als Ausdruck nekrophiler Misogynie, als sadomasochistische Phantasie abtun, schreibt ein Rezensent über E. Bronfens Buch mit dem Titel ‚Nur über ihre Leiche‘. Gemeint ist: Die Männer können die Frauen nur in der vom Tod gezeichneten Ästhetik lieben. Vor der echten und unverfälschten Frau haben sie eine maßlose Angst. Es kommt wieder auf das Gleiche heraus: Liebe für die Frau scheint es nur in der ‚verstaatlichten‘, nekromantischen oder sonst irgendwie entstellten Form zu geben. Pervers.

---

[107] S. Appel in www.via-regia.org, Blätter für internationalkulturellKommunikation, Heft 34/35 1996. Lacan sagt, dass die Frau es empfindet, aber kein Wissen davon verkündet.

Vorerst halte ich den Begriff des *Weiblichen* als solchen und der dazugehörigen ‚Jouissance' für wesentlich und zutreffend für all das nie ganz zu Lösende, ewig Rätselhafte und doch so Aussagekräftige und Wichtige des *Anderen* als eines Imaginär-Realen des *Weiblichen* in einem jeden. Es geht um den *Namen* als solchen, indem er keine Benennung ist, sondern selbstlogische Verheißung, enigmatische Formulierung, wie sie eben auch in meinen *Formel-Worten* steckt. Warum immer diese vorgefertigten Aussagen verwenden? Auch Lacan quält sich mit den Liebschaften der Frauen sinnlos ab. La Rochefoucault hat freilich wieder nur eine misogyne Lösung zu bieten: „Man spricht erst dann von der ersten Liebesbeziehung einer Frau, wenn sie schon eine zweite hat."[108] Na ja, es soll witzig sein.

Wie soll nun also die Frau zu dem kommen, was ihre eigentliche Bestimmung ist? Außer dem Hinweis auf meine *Formel-Worte*, die die Erfahrung der ‚Jouissance' jedem subjektbezogen ermöglichen, will ich gleich die Psychoanalytikerin R. Golan zitieren, die von der ‚Jouissance féminine' spricht. Dieses *Weibliche* können – nimmt man Goethe nochmals als Beispiel – ja auch Männer in sich verwirklichen, denn es ist so gesehen in sich eine echte Verinnerlichung, eine Bestimmung zu mehr Hingabe, Empfänglichkeit und Weisheit gegenüber dem Unbewussten, gegenüber der Wissenschaft v o m Subjekt. Mit

---

[108] La Rochefoucault, Maximen und Reflexionen, Reclam (2005) S. 69

Feminismus hat diese Bestimmung nichts zu tun, denn der Feminismus zielt auf eine Verbesserung der sozialen, kulturellen und sexuellen Situation der Frauen. Von der den Frauen eigenen Art, der ‚Jouissance' sagen bzw. halten sie nicht viel, während sie zu Recht soziale und kulturelle Gleichheit fordern. Das *Weibliche* per se kommt so also auch im Feminismus nicht voll zum Zug.

Ich erwähne also diesbezüglich gerne die Psychoanalytikerin R. Golan, die von der ‚Jouissance féminine' als einer Identität spricht, die mehr dem *Weiblichen* zugehört. „Die weibliche Form des *Genießens* schließt auch Schmerz und Leid ein, beinhaltet aber auch Universalität, Höhe, Grenzenlosigkeit, Erkenntnis / Erleuchtung, Wissen, Freiheit und Glückseligkeit," schreibt sie.[109] Diese Art der ‚Jouissance' vereint beide Aspekte (*Strahlt/Spricht*) in einer Weise, in der auch *L'Autre* zu seiner Enthüllung kommen kann. Ich habe dies bereits mit den durch die *Formel-Worte* gebahnten *Pass-Worten* angezeigt, dass gerade in den leicht enigmatischen Phrasen auch etwas Beglückendes vorherrscht, weil sie die Wahrheit so leicht versteckt und doch differenziert hervorbringt. Das ist der eine Aspekt der ‚Jouissance' der eben in der zweiten Übung der *Analytischen Psychokatharsis* zum Tragen kommt und der nach Weisheit klingt.

Lacan betont ganz deutlich, dass die wirkliche ‚Jouissance' nicht nur im Erfahren der körperbezogenen Kathar-

---

[109] Golan, R. Loving Psychoanalysis, Karnak (2006)

sis, des – wie ich es gerne nenne – ‚Durchrieselns‘, des Luziden, zustande kommt, sondern auch etwas mit der Einsheit der sprachlichen Enthüllung zu tun hat. Es handelt sich um eine Weisheit, die nur jeder selbst in sich hat. Man kann dieses ureigentliche Genießen daher nicht von außen her beschreiben noch sich etwas dazu vorstellen. *Es* muss persönlich selbst erfahren werden, und zwar in einer wirklich ‚erfahrenen‘, um nicht zu sagen voll erfassten Weise. Und diese Weise muss auch eine gewisse Dauerhaftigkeit, Kohärenz mit sich tragen.

Es geht um die Kohärenz der gerade oben genannten *Signifikanten*-Kette, die allerdings meist schon deswegen nicht mehr ganz gegeben ist, weil jede Leerstelle in ihr sofort vom männlich dominierten Φ oder dem Tod besetzt wird und das mehr als weiblich anzusehende Ψ es hier schwer hat dagegenzuhalten.[110] Nur wenn beide im Gleichgewicht sind und Ψ dabei wissenschaftlich noch ganz wenig dominiert, kann die ‘Jouissance’ mit von der Partie sein.

So gehe ich davon aus, dass das eigentliche, mehr imaginär-reale Substanzielle, das *Weibliche*, die ‚Jouissance‘ ist, die wahrscheinlich genauso traumatisch wäre, wenn sie völlig unkontrolliert hervorbräche. Es muss aber auch nicht sein, dass die schlechte, aggressive Form des *Strahlt/Spricht* der Ur-Verdrängung oder die negative Art des Todestriebs, die Szene beherrscht. Freud brauchte

---

[110] Ich nutze hier einfach das dem Phi gegenüber stehende Psi.

dieses Konzept ‚psychischer Gegenbesetzung' der Ur-Verdrängung, um die normale Verdrängung zu erklären. Aber wenn ich diese grundlegende Zweiheit durch ein Drittes zurückstelle, die nur von jedem Einzelnen zu verwirklichende Verbindung des *Strahlt/Spricht*, verletze ich diese Mathematik nicht.

Psychoanalytisch gesagt: Wenn man keine Frage und keine Assoziation mehr hat, die man an den Analytiker richten könnte oder wollen würde, wäre man genauso in dieser dritten Position, die gewiss nicht einfach und völlig unproblematisch ist. Eigentlich geht es darum, das Leben essenziell, das Leben in seiner Essenz zu genießen, und das geht eben wohl nur mit der ‚Jouissance' und dem Sinn, dessen ganz eigener Bereich zwischen Geist und Stoff liegt. Dies lässt sich gut anhand des Dichters J. Joyce deutlich machen, dessen psychotischer Hintergrund als Folge eines Vaterkonflikts nicht unbekannt ist.[111] In Joyce' Fall hat sich der Bo-Dreier-Knoten zu sehr gelockert um nicht zu sagen aufgelöst, und findet laut Lacan Rettung nur durch ein ‚Viertes', eine vierte Knotenschlinge: seine virtuose, den modernen Zeitverhältnissen nahe und erotisch gewaltige Dichtung Selbst wenn also die drei Ringe des Knotens auseinandergedriftet sind, Joyce' Genialität und auch sein Kampf um die religiöse Wahrheit hält sie wieder als ‚Viertes' irgendwie zusammen (siehe unten neben-

---

[111] Joyce' Vater war im Leben gescheitert, war zudem Alkoholiker und auch Gott als Vaterfigur wurde von Joyce selbst nur äußerst ambivalent besetzt.

stehende Abb. des Viererknotens mit der zusätzlichen Schlinge), und ermöglichte so Sinn und Genießen.

Wieder entschuldige ich mich für die komplexe Theorie. Aber es ist doch gut zu wissen, dass bis in die Mathematik hinein, bis über den Ödipuskomplex hinaus die Selbsterneuerung der praktischen Verinnerlichung erfolgreich durchlaufen werden kann. Das ‚Vierte' kann Gott sein, wenn man ihn nicht durch eine Konfession einengt, was heutzutage wohl überall der Fall ist, sondern durch weitgehende Selbst-Sublimation und tätige meditative, religiöse, literarische Praxis aus deren ‚Ex-Sistenz' heraus verwirklicht hat. *Es* könnte auch das *Weibliche* und der/das *Andere* (**A** als nicht quergestrichenes) sein. Umso mehr trifft dieses ‚Vierte' für die *Analytische Psychokatharsis* und die ihr verbundene Verinnerlichungs-Verwirklichung zu, weil es in ihr eine direkte und gesicherte Erfahrung dieses ‚Vierten' gibt, ohne dass vorher irgendein so ein Losungswort wie Gott, *Weibliches, Anderer,* Vater-Name etc. alles durch Abstraktion nur verdunkelt. Lediglich das *Strahlt/Spricht* in guter, gelungener, reifer Kombination bleibt als Hilfe für die Selbstpraxis einer guten Verinnerlichung.

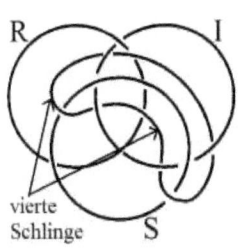

9. Die *Formel-Worte*

Nun muss ich endlich zum Kern der Verinnerlichungs-Praxis kommen, mit der man den Knoten (z. B. den Bo-Knoten) zu knüpfen und aufzuknüpfen erlernt, der die elementare Verbindung des Wort-Wirkenden, des *Es Spricht*, mit dem Bild-Wirkenden, dem *Es Strahlt*, ermöglicht. Im allerletzten Sinne ist diese Verbindung, reale Kombination, ja schon gegeben, die Grundkräfte sind von vornherein legiert, schreibt Freud. Doch diese Legierung reicht nicht, sie hat sich durch Verdrängung, Abspaltung, Verwerfung (Identifikation mit dem Angreifer, etc.) so sehr verändert und durcheinander gebracht, dass die menschliche Misere zum Alltag geworden ist. Man muss sie also zur Reife weiterentwickeln.

Alles übliche, auch das wissenschaftliche Reden kann nicht darüber hinweghelfen. Selbst die klassische Psychoanalyse, die neben diesem theoretischen Sagen auch eine Praxis aufweist, ist dafür unzureichend (zu umständlich, zeitaufreibend, nicht umfassend genug und zu teuer). Und schon gar nicht wird einem KI oder die virtuelle Welt des ‚Megaversums‘ den entscheidenden Schritt abnehmen, den der Proband also stets selbst tun muss. Doch wenn ich das *Strahlt/Spricht* so aufbereiten kann, dass jeder Einzelne selbst den Job der reifen, gelungenen Verinnerlichung zu machen fähig ist, behaupte ich nichts definitiv und schon gar nichts rein pauschal.

Das *Strahlt/Spricht* ist in solcher noch nicht ganz aufbereiteter Form nur ein Interregnum, eine Zwischenablage, wie es in der Computersprache heißt. *Es* ist nur ein vorläufiger intersubjektiver (zwischen dem Leser und mir) Stützpunkt des grundlegend Substanziellen,  der Triebstruktur bzw. ihres Körpergenießens. Die Zwischenablage kann aber noch – bis zu diesem letzten eigenständigen Schritt – ein bisschen konkreter werden. Ich habe sie schon mal in dem nebenstehenden Bild weiter konkretisiert. Das hier dargestellte Möbiusband, der Torus und andere Figuren dieser Wissenschaft, die sich Einsteinsche Geometrie oder Topologie nennt, zeigen eine durchgehende Fläche, die jedoch zwei Seiten hat, und so also das beste Modell für das *Strahlt/Spricht* ergeben, das in dieser Struktur eben nur Eins ist.[112]

Denn so kann man sich gut vorstellen, dass die eine Seite der gleichen Fläche aus dem Bild-Wirkenden besteht, die andere aus dem Wort-Wirkenden. Sie sind getrennt/verbunden, was viele Unklarheiten heutiger neurowissenschaftlicher, aber auch psychoanalytischer Diskussionen beseitigt. Die Abbildung zeigt das von mir in etlichen Büchern verwendete Möbiusband mit darauf geschriebenen

---

[112] Das Möbiusband ist ein Band, das um 180 Grad gedreht und so an den Endstellen zusammengeklebt wird, dass es nunmehr nur noch eine Fläche hat, obwohl es auch Vorder- und Rückseite gibt (siehe Abbildung).

B(r)uchstaben).[113] Man kann diese Schnittstellen-Buchstaben in einem einzigen Schriftzug lesen, und weil das Band keine Endstelle mehr hat, fängt man beim Lesen immer wieder von vorn an. Trotzdem kommen bei dieser Art des Lesens immer wieder andere Bedeutungen heraus, wenn die Schreibweise so gemacht ist, dass ausgehend von verschiedenen Stellen des circa acht oder neun, B(r)uchstaben umfassenden Schriftzuges mit dem Lesen angefangen wird, was genau dem Wesen der *Formel-Worte* entspricht. Man muss sie B(r)uchstaben nennen, da sie ja die Schnittstellen, die Brechungen, die Überlappungen im sonst einheitlichen Schriftzug darstellen. Das Bild- und Worthafte, das Kristalline und Linguistische, das *Strahlt/Spricht*, sind im *Formel-Wort* gleichermaßen verwirklicht.

Ich habe solch einen Schriftzug also *Formel-Wort* genannt, weil es rein f o r m a l (logisch, mathematisch) das *Strahlt/Spricht* widerspiegelt. Es ist aus der lateinischen Sprache erstellt, die sich dafür besonders eignet, aber auch jede andere Sprache könnte verwendet werden. Das *Formel-Wort* beinhaltet nun wirklich Zugang zu den tiefsten Stellen des Unbewussten, da dieses ja in der gleichen

---

[113] Oudee Dünkelsbühler, U., Zeugnis und Schrift: B(r)uch-staben an der Couch, Les Etats Généraux de la Psychanalyse (2001). Der Begriff B(r)uchstaben erscheint mir eine ideale Formulierung für diese zerstückelte Schreibweise der *Formel-Worte* zu sein, indem sie „Buch" (Lettern, *Spricht*) mit „Staben" (Linien, *Strahlt*) genau durch das ihnen eigene Element verbindet.

B(r)uchstabenform aufgebaut ist, wie es auch in den Freud'schen Fehlleistungen, Versprechern und Träumen zu sehen ist. Ein Beispiel: Ein Ordinarius an der medizinischen Fakultät meiner Universität versprach sich einmal in einer Vorlesung. Er wollte sagen, er sei in dieser oder jener Sache „kompetent", sagte jedoch, er sei „kompotent", was etliche Zuhörer zum Lachen brachte, vor allem auch deswegen, weil der besagte Professor als autoritativ und angeberisch galt. Die Deutung war also nicht schwer, der Professor musste wohl wichtigtuerisch und protzig sein, weil er sich selbst darüber hinwegtäuschen wollte, Probleme mit der Potenz zu haben.

Die Wahrheit ist Ursache des Symptoms, sie ist es, die beim Versprecher immer mit den Inhalten dazwischen redet, die man weiß Gott nicht sagen möchte und oft auch gar nicht sagen kann. In diesem Fall war nur ein Buchstabe gebrochen, verrutscht oder vertauscht. Die Buchstabenfolge ‚–potent' hämmerte, klopfte im Unbewussten schon länger an, und als sie die Gelegenheit bekam, sich durch das fast gleichlautende Wort (‚-petent') Bahn zu brechen, prellte die Wahrheit hervor. Sie nutzte die Schnittstelle, die Spaltungsstelle. Sehr anschaulich hat dies auch der Neuro- und Kognitionswissenschaftler D. Hofstadter in Form von Kombinationstechniken dargestellt, die er mit verschiedenen Computerprogrammen erzeugen konnte.[114]

---

[114] Hofstadter, D., Metamagicum, Klett-Cotta (1994)

Für ihn besteht das Unbewusste in einer Art lockerem Schütteln, fließendem Verrutschen von „natürlichen Subeinheiten" – wie er sie nennt –, nämlich von Bildern, Mustern und auch Worten und Buchstaben, so z. B. dem Wort NEU-GIER. Ob dieses Wort nun im Gehirn, im Unbewussten oder im Computer geschüttelt wird, ist egal, es kann plötzlich zu UR-EIGEN, UREI-GEN, ja zu UR-NEIGE, UN-REGIE oder GNU-EIER werden. Das erinnert wieder sehr an Freuds Verschiebung bei Versprechern und Fehlleistungen. Es ist allerdings unwahrscheinlich, dass ein Mensch – von der psychoanalytischen Seite her betrachtet – sich in solch rein anagrammatischen Verrutschungen und Vertauschungen verspricht. Die Schnittstellen der „Subeinheiten" sind bei Hofstadter viel zu komplex, um für eine Freud'sche Fehlleistung herzuhalten. Der Signifikant ist eben etwas anderes als ein reines Anagramm![115] Er hat imaginären oder symbolischen Bedeutungscharakter, während das geschüttelte IERG-NEU oder GER-IUEN völlig sinnlos ist. Der Signifikant führt, selbst wenn er als Unsinn daherkommt, wenn er total simpel ist, nur im Zusammenhang mit einem anderen Signifikanten in Richtung auf Bedeutung und Sinn.

---

[115] Es könnte Anagramme geben, die dem Gesetz des *Signifikanten* gehorchen, z. B. Lichtenbergs Wortspiel bei der Lektüre Homers, bei der er statt Agamemnon immer das Wort angenommen las. Aber der Esprit des *Signifikanten* liegt hier nicht im Anagrammatismus, sondern in einer phonematischen Verschiebung und semantischen Verdichtung, die nie in einen totalen Anagrammatismus münden wird.

Ja, diese Wirkung ist sein Wesen, wenn er sich mit mehreren Signifikanten, Bild-Wort-Wirkenden kombinieren muss, um Sprache zu erzeugen. Welches selbst unbewusste Motiv sollten wir haben, uns ständig mit einem weitgehend anagrammatischen Buchstabensalat zu versprechen? Das kann nur der Computer, der somit über das Ziel hinausschießt. Was sollen also die „natürlichen Subeinheiten" sein, die Anstoß zu solchen Kombinationen geben könnten? „Statistisch emergente, aktive Symbole," wie Hofstadter spekuliert? Also nur so etwas Ähnliches wie Bewusstseinsneuronen, von denen wir dann manchmal eher zu viele hätten!? Inwiefern sind die „Subeinheiten" natürlich? Auch das wird bei Hofstadter nicht ganz klar. Emergenz und Statistik stellen jedenfalls keine generelle Wahrheit für jedes einzelne Subjekt dar. Da sind die Schnittstellen im *Formel-Wort* exakter, da sie jeweils ein klares Wort aus dem Konglomerat der B(r)uchstaben heraustrennen.

Das Unbewusste richtet sich nämlich gerne nach Bedeutungen des Wort-Klang-Bildes und nicht nach Zeichenverrutschungen. In den bekannten Freudschen Versprechern kommt dies deutlich heraus. Wenn die ehemalige Justizministerin Frankreichs R. Dati statt von Inflation von Fellatio gesprochen hat, ist dies ein weiteres, gelungenes, wenn auch für die Betroffene sehr peinliches Beispiel dafür. Ganz Europa hat gelacht und die Pikanterie war zudem groß, weil Dati ein scheinbar geheimes Liebesleben führte. Sie verriet nie, wer der Vater ihres Kindes war. Aber ihren

Job als Justizministerin war sie bald los. Die Abbildung zeigt die Verrutschungen der Wort-Klang-Bedeutungen. Hier wird nur das ‚in' platztauschend zu dem ‚f' nachgestellten ‚e'.

in f l atio n

f ell atio

Trotzdem erinnern Hofstadters Versuche sehr stark an die *Formel-Worte*. Denn seine „Subeinheiten" berücksichtigen das rein Formale des ‚Sprechens' nach wort-bildhaften Einheiten, nach Einheiten des Schreibens, unabhängig davon, was er sonst noch damit behauptet. Auf jeden Fall ist die Schrift (laut Lacan ein wesentlicher Aspekt des Realen) das ideale Medium der *Strahlt/Spricht*-Kombination, weil man sie mit nach Hause nehmen und dort einüben kann, genau das, was ich ja für die Praxis der *Analytischen Psychokatharsis* vorhabe. Nur das Einüben geht mit Hofstadters Subeinheiten nicht, da der Computer nicht mit den Bedeutungs-Einheiten in der Weise arbeiten kann, wie sie die Psychoanalyse und auch das Verfahren der *Analytischen Psychokatharsis in* Richtung Verinnerlichung benötigt. Weil der Computer nicht die Wahrheit findet, sondern immer nur neues Wissen, sinnloses oder Spezialwissen, ein ‚savoir pour savoir', produziert, ist er ungeeignet.

Eine derartige Technik beherrschte auch vorher schon der Rubik-Würfel (Abb. nächste Seite), der eigentlich ein Drehpuzzle ist, indem die verdrehten Unterwürfel wieder zum Ausgangspunkt zurückgedreht werden müssen. Mir dient dieser Würfel jetzt zum Verdrehen der B(r)uchstaben, bei dem drei oder mehr Signifikanten in den drei Ebenen des Raumes so verdreht werden können, wie sie wollen, und – im Fall des *Formel-Wortes* – man dennoch immer etwas Wirkliches lesen kann.[116] Voraussetzung ist allerdings, dass die in der Abbildung gezeigten Buchstaben Signifikanten wären, die mehr sind als nur ein Zeichen, „ein etwas für jemand," während ein Signifikant „Zeichen eines Subjekts ist."[117] Der imaginäre und symbolische Signifikant ist nicht objektiv fassbar, doch wenn er aus den spontanen Äußerungen eines Subjekts oder aus den vom Unbewussten herausgehörten Phrasen kommt, kann man an seinem Wahrheitsgehalt nicht mehr vorbei.

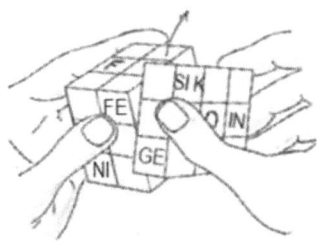

Der Rubik Würfel ist in allen drei Richtungen des Raumes verdrehbar. Dadurch ergeben sich hier zahlreiche Lesekombinationen, so wie es – rein formal – auch mit dem oder den *Formel-Worten* möglich ist.

---

[116] Der Originalwürfel hat diese Eigenschaften nicht, aber die aufgebrachten B(r)uchstaben sollen dies andeuten. Übrigens ähnelt der Würfel wieder dem Möbiusband.

[117] Der *Signifikant* ist mit einer Barriere verbunden, die dafür sorgt, dass dem sprechenden menschlichen Subjekt die Bedeutung dessen, was es sagt – also das Signifikat -, nicht genau bewusst wird. So muss man beim Sprechen immer sehr darauf achten, was mit den Worten wirklich gemeint ist – eine Alltagsweisheit.

Ähnliche Verschiebungen und Versprecher finden sich auch in der Geschichte eines Mannes, der mit seiner Bekanntschaft des reichen Baron Rothschilds prahlen wollte, und die einmal Heinrich Heine erzählte. Dieser Mann wollte sagen, dass er mit dem Baron Rothschild wie „familiär" verbunden sei, sagte aber: „Ich bin mit ihm so „familionär". Die Wahrheit also, dass es doch die Millionen waren, die ihn faszinierten, rutschte ihm genauso aus dem Unbewussten heraus wie der unglücklichen R. Dati. Und genauso wie im „famillionär" eine Mehrfachbedeutung steckt, nämlich die des Familiären und der Millionen (also die Unverblümtheit einer Habgier), so findet sich auch in den *Formel-Worten* die mehrfache Bedeutungsüberlappung.

fa	mil	i		är	
	mil	l i	on	är	
fa	mil	l i	on	är	

Die Vielschichtigkeit dreier Bedeutungen entsprechend ihrer klangbildlichen Struktur unter einander geschrieben.

Diese ja aus drei oder mehr bildhaften Bedeutungen (Vorstellungen) bestehenden und vollkommen f o r m a l e n Konstrukte, ‚linguistischen Kristalle', sind wie beim Versprecher kombiniert, diesmal jedoch konstruktiv, progressiv, das Unbewusste angreifend. Indem das *Formel-Wort* nur eine Formulierung bildet, obwohl ein Mehrfaches an Bedeutungen in dieser Formulierung, in diesem Schriftzug des *Formel-Wortes* steckt, weckt es das Unbewusste. Wie dargestellt, hat dieser Schriftzug mehrere Schnittstellen, und liest oder spricht man ihn von jeweils einer anderen

Schnittstelle aus, kommt immer eine andere Vorstellung, Bedeutung, heraus. Es verhält sich also genauso wie in dem oben genannten Beispiel: Man kann familiär, Millionär oder eben „familiär mit den Millionen" heraushören.

In diesem Mehrfachen von Bildern und Worten funktioniert also das Unbewusste und ebenso auch die *Formel-Worte*, die alle Beispiele für den „linguistischen Kristall" sind. Nur verhält es sich also bei den *Formel-Worten* ‚anders-herum'. Sie stellen nicht die versteckte und verdrängte Wahrheit dar, sondern sie provozieren sie. Sie rufen sie revoltiv herauf, nämlich mithilfe ihrer einzigen Formulierung, ihres rein F o r m a l e n, das als solches nichts sagt, obwohl viele Bedeutungen in diesem einen Schriftzug enthalten sind. *Es* ist nichts anderes als eine Kombination des Bild- und Worthaften in eben dieser Form von Schnittstellen, wie wir sie auch aus der modernen Computertechnik kennen, wo eine Schnittstelle den Austausch zwischen zwei oder mehr Systemen ermöglicht.

Doch wie kommt man nun endlich zur wirklichen Verinnerlichung des Selbst? Was fängt man mit diesen B(r)uchstaben oder Verrutschungen, mit diesem „linguistischen Kristall" des in den *Formel-Worten* enthaltenen *Strahlt/Spricht* nun tatsächlich an? Nun ganz einfach, man meditiert sie, man meditiert sie wie in jeder anderen Art von Meditation, jedoch mit dem Vorteil, dass man nicht das Denken völlig ausschalten muss, wie dies in den üblichen Meditationsmethoden gefordert wird. Dies kann ohnehin nie total gelingen, denn das mit dem Denken engst verschaltete Sprechen und Schauen aus dem Unbewussten liefert ständig neue Gedanken und Bilder.

Sinnvoller ist es, solch ein *Formel-Wort* (oder mehrere) wie in der obigen Abbildung gezeigt rein mental, gedanklich, innerlich zu wiederholen, zu reverberieren, und zwar so lange, bis neben der *Strahlt* betonten 'Jouissance' auch etwas *Spricht* betontes, Verlautendes durchbricht, das ich also der Wahrheit des Subjekts entsprechend Identitäts- oder *Pass-Wort* genannt habe.

Auch in dem oben dargestellten *Formel-Wort* ENS – CIS – NOM überlappen sich die Bedeutungen entsprechend den B(r)uchstaben, was besonders bei einer Kreisschreibung sichtbar wird. Gehen wir einmal vom M oben links aus. So heißt MENS CIS NO, der Gedanke diesseits, innerhalb von No, vom N ausgehend: NOMEN SCIS, du kennst den Namen, OMEN SCIS N, du kennst das Omen N, CIS NO, MENS, diesseits schwimme ich, oh Geist, ENS CIS NOM, das Ding diesseits von Nom, C IS NO-MEN S, hundert dieser Name S, usw. So unsinnig und seltsam einzelne der Bedeutungen auch sind, sie sind doch grammatikalisch und syntaktisch normal und sogar auch semantisch in Ordnung. Der Sinn dieser Formulierung besteht ja gerade darin, dass sie keinen vordergründigen Sinn schon parat hat, sondern – wie Freud es auch vom traumbezogenen Unbewussten sagt – überdeterminiert (mehrfach überlappend) ist und nur das Unbewusste anregt, ja provoziert, einen Sinn heraus zu geben. Bei dieser Formulierung ist exakt genauso wie im Unbewussten das Wort bildhaft zerteilt, „wobei jeder Teil, sobald er aufgeschlüsselt wird, eine neue Bedeutung annimmt," die wieder andere hervorruft.[118]

Man kann das Ganze anstatt der Schrift auch durch die Stimme demonstrieren, doch dafür bräuchte man einen Propheten oder homerischen Rezitator, wie ich ihn oben erwähnt habe. Ich habe früher Vorträge über mein Verfahren gehalten, und das war zumindest von der Stimme her unterstützend. Aber ein voll sonorer Rezitator war ich nicht, und so habe ich mich aufs Schreiben verlegt. In der digitalisierten Welt allerdings „ist die „Stimme geglättet. . . Sie geht ganz im Signifikat [dem Bezeichneten] auf. Diese glatte, körperlose und transparente Stimme verführt nicht. . . Die Verführung findet nämlich in einem Raum statt, in dem Signifikanten zirkulieren, ohne dass sie vom Signifikat *gestellt* werden. Das eindeutige Signifikat verführt nicht."[119] Damit schildert der Autor genau das Wesen des *Formel-Wortes*, das zwar etliche Signifikate enthält, aber keines als eindeutigen Signifikanten zulässt. So wird nur das Zirkulieren der Signifikanten zugelassen, die schließlich eine Stimme aus dem Unbewussten freigeben müssen. Da ich hier nicht phonetisch spreche, hoffe ich,

---

[118] Lacan, J., Struktur. Andersheit. Subjektkonstitution, (2015)
[119] Byung-Chul Han, Die Austreibung des Anderen, Fischer (2016) S. 64

dass mein Schreiben die Überzeugungsarbeit durch die Wissenschaftlichkeit erreicht.

Ein Meditieren derartiger *Formel-Worte* ist derzeit die beste Möglichkeit einer ‚Selbst'- und Verinnerlichungs-Methode, denn so etwas ist nunmehr keine simple Seelentröstung, Entspannung oder zögerliches psychoanalytisches Vorgehen mehr und schon gar kein konfessionelles, ‚spirituelles' Meditieren. *Es* lässt einen gesichert tief in sich selbst fallen, sodass ein Wort oder auch nur eine „ultrareduzierte Phrase" herauskommt, wie sie im Unbewussten schon auf der Lauer liegt. Die Sprüche, Ratschläge und Tipps selbst der besten Freunde können einem nicht das sagen, was man sich in Form der *Pass-Worte* selbst sagt. Denn es ist ja kein anderer da, wenn man die Übungen der *Analytischen Psychokatharsis* macht, um sich selbst in seiner eigenen Andersheit zu verstehen.

Wie bei Heines Bekannten werden sich in die B(r)uchstaben des *Formel-Wortes* derartige Phrasen einschieben, die nicht nur aus einer Verdrängung heraus, sondern auch aus ‚Tonigkeit', Rhythmik, ‚algorithmischer Information' oder gar Kreativität stammen. Plötzlich, wie bei den Performanz-Künstlern, wie bei der Deutungseinsicht in der Psychoanalyse oder wie in manchen Formen des Zen oder Yoga, taucht solch ein *Pass-Wort* erfahrbar, hörbar wie aus der Tiefe oder Ferne auf, weshalb ich es auch als ‚Gedankenhören' bezeichne. Es ist, als könne man die eigenen ‚unbewussten Gedanken' hörbar machen, denn es sind die eigenen, auch wenn sie oft fremd und ebenso anders

klingen, was man somit auch die ‚Stimme' des *Anderen* –
oder wie es nüchtern-sterile Psychoanalytiker tun – die
Stimme des ‚Objekts' nennen kann.

Das ‚Gedankenhören' muss nicht immer ein inneres Hören
sein, die Gedanken können auch wie ‚souffliert' erscheinen, werden aber doch meist sofort als eben eigene Gedanken erkannt (so sind sie Identitätsworte). Das befremdlich
Soufflierte ist dem Unbewussten zuzurechnen, dem Fuzzi-
Logischen, aber eben auch dem Wahren, dem Zutreffenden, und darauf kommt es an. Jetzt, wo wir über die klaren,
wissenschaftlich begründeten psychischen Instrumente
und die seelischen Strukturen verfügen, sollte sicherge-
stellt sein, dass wir die volle Verinnerlichung aus uns
selbst heraus bewerkstelligen können und müssen, von der
Singularität des Selbst ausgehend. Und erst dann, wenn
wir das ‚gute Objekt', Lacans ‚volles Sprechen', in uns erlernt und realisiert haben, können wir uns auch um andere
und um die Umwelt kümmern. Dann kann die Revolte
auch nach außen gehen, wo sie authentischer, ehrlicher
und wahrheitsbezogener sein wird als alle Revolten zuvor.

10. Die Augenscheinlichkeit des *Strahlt*

Den entscheidenden Schritt zur wahren Verinnerlichung könnte ich auf drei Seiten beschreiben. Doch diese Beschreibung wäre noch abstrakter als mein bisheriger Text, oder wäre vielleicht wie ein mathematisches Werk, das ohne Bezug zum Leben ist. Trotz allem schon fertig Gesagten muss ich also noch in zwei knapp gefassten Kapiteln weiteres zu den zwei Grundtriebkräften, -prinzipien, dem Bild- und Wort-Wirkenden, dem *Strahlt* und *Spricht*, und den zwei entsprechenden Übungen der *Analytischen Psychokatharsis* erklären. Zuerst nochmals zum *Strahlt*, denn die augenscheinlichste und veräußerlichste Verinnerlichung findet in so etwas wie im Kino statt. Dort sind wir Bild, Leinwand, Blick des Schauspielers, Produzenten und Kameramanns, Mehrfachblick also, Film eben. Wir sind Theater, sind Bühne und Rezitator. Wir sind Performanzkünstler des *Strahlt* mit ein wenig *Spricht*. In dieser Bilderflut oder im Theater ist das Ich nicht selbst der Regisseur. Unser Ego ist eher so etwas wie der Regieassistent, immerhin. Doch sich selbst wirklich umgestaltend verinnerlichen wird man damit nicht. Es scheint nur so, aber es ist ein Anfang.

Der Mensch, der in dieser Spiegelungsform um seine filmische Performanz bemüht ist, verbleibt in einem Kampf zwischen Auge und Blick. Solch ein Konzept, nämlich die Konfrontation, die Verwicklung, aber auch die Kombination von Auge und Blick, vereinfacht die Darstellung von uns als Bild- und Blicksüchtigen, als Identität von Zig hintereinander geklickten Schnappschüssen. Man weiß dann nicht ganz genau, wo was hingehört und wie es zu verstehen ist, aber man sieht. Man schaut nicht mehr kontemplativ, aber man filmt und wird gefilmt. Die revoltische, ernst gemeinte Verinnerlichung dagegen muss zur Durchsicht, zum Durchblick, also fast zu so etwas wie einer ‚Vision‘ führen. Man muss lernen, die imaginäre Ordnung (die Ordnung der Blicke und Bilder) mit der symbolischen Ordnung (der Worte und Syntax) gekonnt, voll gereift und objekthaft gut zu verbinden.[120]

Lacan hat in seinem 11. Seminar dazu ausführlich Stellung genommen. Er sagt, dass wir nicht nur sehen, sondern auch ständig unter einem Angeblicktsein stehen, also unter dem Blick all dessen, was uns angeht, anschaut, fesselt und betrifft. Es handelt sich wieder um den Bild-, Licht- oder subjektbezogenen Blickpunkt, 'Strahltpunkt', der von einer unbewusst bleibenden Stelle jedes Gesehenen ausgeht. Wir sehen nicht nur mit dem Auge, der Netzhaut und der Sehrinde des Gehirns, sondern auch mit der Lust und Freude des *Es Strahlt*, des *Schautriebs*, den schon Aristoteles als den sinnlichsten Sinn bezeichnete.[121] In unseren Träumen kommen speziell diese elementaren Bilder

---

[120] Reich, K., Die Ordnung der Blicke, www.Uni-Koeln.de
[121] Man bedenke, wie auch Eliphas, der Freund Hiobs, im AT davor erschauerte, das Gesicht seiner Erscheinung klar zu sehen. Er spürte nur das *Strahlt* in krass narzisstischer und stark konservativer, wahnhafter Form.

wieder zum Vorschein, die von der Angst-Lust des *Strahlt* verdrängt sind, und vermischen sich so mit den Bild- und Blickresten des Tages. Lacans Annahme, dass das Subjekt, der auf sein Subjektsein bezogene Mensch, in sich gespalten ist, kommt hier deutlich zum Zug.[122] Man befindet sich wieder in der ‚realen Illusion' des Selbst mit seinem Ur-*Anderen* (Introjekt der frühen Mutter-Imago, des ‚Vaters der Vorzeit' und weiterer eher magischer *Anderer*), in der noch nicht sehr geordneten Irrealität.

Denn die Bilderflut in Film und Theater irrealisieren uns. Wir sitzen eingeklemmt im Zuschauerraum, sozusagen abgespalten von unserer Realität. Wenn der Film uns zu sehr mitnimmt, taumeln wir aus dem Kino hinaus und wissen einen Moment lang nicht mehr, wer wir sind. Nimmt er uns nicht mit, haben wir uns, wenigstens ein bisschen, fast sinnlos, aber unterhaltsam, irrealisieren lassen. Nur sehr selten gewinnen wir uns dadurch ein wenig selbst oder lernen gar, was es wirklich heißt, Mensch zu sein. Diese Spaltung in Reales und Irreales ist auch eine psychoanalytische Grundannahme. Meist steht im therapeutischen Behandlungszimmer zwar mehr die Spaltung in Rationales und Irrationales im Vordergrund. Aber im Traum beispielsweise findet neben dem Letzteren auch eine gewisse Irrealität ihren Platz, die die seelische Spannung zwischen Traum und Schlaf oder auch dem Bewussten und Unbewussten

---

[122] Die ganze Bild-Blick-Theorie hatte Freud schon mit seiner Beschreibung des aktiven und passiven Sehvorgangs angedeutet.

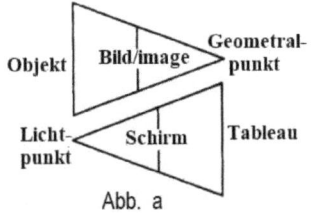

Abb. a

ausdrückt. Irrealität trauma-
tisiert den Menschen mittels
Glücks- und Glanzverhei-
ßungen. Der Tod kann zum
Wunschpartner werden.

„Das Subjekt ist gespalten
in zwei Formen des Sehens, in das Sehen, das auf dem
Auge beruht (oberes Dreieck in der Abb. a), und das Sehen, das sich auf den Blick gründet (unteres Dreieck). In
einem zweiten Konstruktionsschritt werden die beiden
Dreiecke übereinandergelegt (Abb. b, nächste Seite)."[123]
Das Auge sieht ein Bild von einem Geometral- bzw.
Fluchtpunkt aus perspektivisch. Um ganz andere Verhältnisse geht es jedoch bei der Betrachtung und Erörterung
des subjektbezogenen Blicks, also des unteren Dreiecks in
Abbildung a. Es ist geradezu verkehrt herum aufgebaut. *Es*
gibt den erwähnten Licht-, Spiegel- oder Blickpunkt der
Schaulust, von dem aus man sich jedoch auch erblickt
fühlt. Es existiert also beim menschlichen Subjekt ein Sehen, dem es auch weitgehend unterworfen ist. Hierher gehört auch der vom Psychoanalytiker Kohut so bezeichnete
„Glanz im Mutterauge," der vom Lichtpunkt der sich tref-
fenden Blicke ausgeht, wenn die Beziehung zwischen
Mutter und Kind erfüllend ist.

„Das geometrale Sehen (oberes Dreieck der Abb. a) beruht
auf einer Optik der Raumabstände. Diese Optik steht auch

[123] Nemitz, R., In Lacan-entziffern.de

einem Blinden zur Verfügung. Man könnte die Lichtstrahlen durch Fäden ersetzen und ein Blinder könnte die Punkt-für-Punkt-Entsprechungen abtasten. Damit aber entgeht dieser Optik etwas Eigentliches des Sehvorgangs, nämlich die Phosphoreszenz, das Luzide des Blick- und Angeblicktseins, das sich keineswegs darauf reduziert, dass es sich in Form von Strahlen ausbreitet. Das Objekt kann dann nicht mehr in einem Raum erfasst werden, der ein Raum aus (festen) Abständen ist. Mit diesem Einwand spielt Lacan auf die mathematische Topologie an, die keine festen Abstände kennt.

In den übereinandergelegten Dreiecken steht nun das Subjekt dem Blick gegenüber (Abb. b). Der Blick geht durch

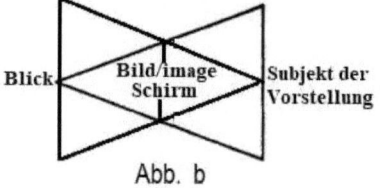

Abb. b

einen Bildschirm hindurch, den ihn glänzen lässt, aber auch abschirmt. Bezüglich dieses Unter-dem-Blick-Stehenden ist beispielsweise auch der Voyeur in Schwierigkeiten. Denn er will nicht die totale Nacktheit einer Frau sehen. Worauf sein Begehren abzielt, ist vielmehr eine Geste, eine Bewegung oder sonst ein Zeichen dieser Frau, das er als eine auf ihn abzielende Erregung deuten kann. Schließlich weiß die Frau ja nicht, dass sie beobachtet wird, und wirft den Morgenmantel mit einer lässigen Bewegung von sich, die dem Betrachter als total lasziv erscheint. Von da ausgehend denkt er, dass die Geste speziell ihm, dem stillen Beobachter, gilt. Der Blick ist – wie auch bei den sonstigen Menschen – gespalten, der Voyeur sieht das Wahre, das eigentlich Wirkende, nicht.

Und so lauert er auf dieses scheinbare erotische Arrangement, zu dem ja nur er eingeladen ist und von dem niemand sonst weiß. Es sieht so aus, als gäbe es eine geheime Absprache, die durch Ahnungslosigkeit und Blick, durch Neugier und scheinbares Entgegenkommen Erfüllung findet. Der Voyeur bemerkt also nicht die Kluft, die ihn von einer wirklichen erotischen Handlung und Beziehung trennt. Seine Luzidität ist verdunkelt, er hat das ‚Licht‘ an das ‚Objekt‘ seiner Schaulust abgegeben und glaubt so zu sehen, dass die Frau exhibitionistisch ist, dass sie sich in einer Art Obszönität zeigen will, und beide sich somit in der wahren Sicht des Sexuellen vereinen können.

Doch sie sind getrennter denn je. Im Hintergrund lauert die Bloßstellung, die Zurückweisung durch jemanden, der einen entdeckt und schrecklich brüskieren kann. Ganz abgesehen davon, dass es nie zu einer wirklichen Begegnung kommt, riskiert der Voyeur die Scham, die einen desavouiert und unter der man selbstvernichtend dahinhinschwindet. Auch in der Scham oder im Schuldgefühl, erlischt das Luzide. Doch auch der/das wahre *Andere (L'Autre)* kommt nicht zum Zug, weil es im Schirm abgespalten und versteckt bleibt.

Im Gegensatz dazu versteht der Maler uns etwas unter dem Schirm hervorzulocken und unserem Auge etwas zu sehen zu geben. Das Objekt auf der Leinwand, das unserem im Licht-, *Strahlt*-Punkt funkelnden Begehren, der Blicklust, entspricht, wird gleichzeitig gezähmt und schirmt unseren Blick ab, sodass er sich nicht völlig im Tableau (Abb. a) verströmt. Ein ‚Fleck' im Tableau bändigt normalerweise das zu aggressive Sehen, er schirmt das Ich vor zu viel Luzidität ab. In der expressionistischen und weiter moderneren Malerei provoziert uns dieser ‚Fleck'. Er verlässt zunehmend die Perspektive und setzt uns dem offenen Tableau aus. Im Extremfall nähert er sich der totalen Abstraktion, der Horrorvision oder dem pornographischen Bild, wo wir nur noch zum 'Fleck' reduziert sind.

In ihrem Buch „Sprechende Körper" schreibt E. Strowick ungefähr Folgendes, was meinen bisherigen Ausführungen ähnelt: Es gibt da einerseits die Evidenz (vom lateinischen evidentia), die „Augenscheinlichkeit".[124] Man könnte fast sagen: Das ist in Abb. b diese Mischung aus Imago (Bild) und Schirm, wie sie wohl jedem Kind anfänglich zukommt, indem sie mehr im Scheinen, Strahlen, Leuchten aber auch im Blenden besteht, das die Augen einfach ohne störendes Denken als wahr und wirklich nehmen. Diesem ursprünglichen Sehen des Kleinkindes, das also tatsächlich den übereinandergelegten Dreiecken des Sehfeldes entspricht, wohnt – wie die Autorin meint – eine extreme Sichtbarkeit inne, fast eine Art von negativer Gewalt oder Berauschtheit der Wahrnehmung.

---

[124] Strowick, E., Sprechende Körper, Fink (2009)

Der Naturwissenschaftler und Philosoph R. Carnap sprach davon, dass kleine Kinder ein „nicht-euklidisches Sehen" haben, also ein Sehen ohne jede Zentralperspektive und klassische Geometrie.[125] Dies passt genau zur Strowick'schen berauschten Augenscheinlichkeit, doch die Verhältnisse bleiben nicht so. Mehr und mehr dringt Rhetorisches, das sprachlich Performative, in das performative Sehfeld ein und erzeugt so eine optische Rhetorik, einen „rhetorischen Blick," der – wie Lacan vergleichbar an anderer Stelle sagt – über das Auge triumphiert und so die Berauschtheit und die „Nicht-Euklidik" minimiert. Letztlich richtet sich ein Gleichgewicht ein zwischen dem Augenscheinlichen (*Strahlt*) und dem Rhetorischen (*Spricht*). Doch das Gleichgewicht ist erneut nur ein vorläufiges, es ist das des unreifen ‚Dreierknotens', noch fehlt das ‚Vierte', in dem die nach innen letztendliche Verinnerlichung auch ganz als wissenschaftskonformes *Strahlt/ Spricht* gelänge.

Dazu ein Bild: Die unten nebenstehende Abbildung zeigt die sehr geometrisch geformte Skulptur einer sitzenden Gestalt.[126] Sie ist derart geometrisch gebildet, dass man sie

---

[125] Carnap, R., Einführung in die Philosophie der Naturwissenschaft (1969), worin der Autor feststellt, dass Kleinkinder über eine „nicht-euklidische Wahrnehmung" verfügen. D. h. sie sehen – aus unserer Erwachsenenperspektive betrachtet – die Dinge etwas subjektiv verformt, also je nach dem für das Kind bedeutungtragenden Element verbogen.
[126] Skulptur aus dem Gehring-Museum, München.

fast berechnen könnte. Doch worauf es ankommt, ist die Tatsache, dass gerade durch die Schlichtheit dreieck- und rautenförmiger Gestaltung ohne Körpermitte beim Durchblick durch die Figur etwas sichtbar wird, was etwas ganz Wesentliches des Menschen ausdrückt. Automatisch füllt der Betrachter nämlich diese Lücken mit Inhalten aus seinem Unbewussten aus. Die Figur ist das genaue Gegenteil einer fertigen Skulptur oder auch des Films, die ein eigenes, kreatives Gestalten nicht zulassen, während die sitzende Figur alle Imaginationen zulässt.

Die Museumsleiterin sprach von kosmischen Einflüssen, die diese Lücken ergänzen, aber man kann natürlich auch an Einflüsse aus dem Unbewussten denken. Dies hat den Vorteil, dass man etwas von sich selbst erfährt, etwas Verdrängtes oder Abgespaltenes oder gar Urverdrängtes. Das Kosmische und das Urverdrängte liegen auf einer Linie, weshalb es fast besser ist, ihm den eigenen Bereich des „Selbstischen' und der 'Jouissance', aber auch der Angst zuzuweisen. Meditiert man nämlich eine derartige Gestalt, füllt man sie eben oft mit den Gestalten früherer Ahnen, aber auch gegenwärtiger bedeutender Figuren wie eines Gottes oder gar dem Gegenbild, dem Bild des verführenden oder negativen *Anderen* in einem selbst, aus. Denn die Figur ist nicht objektiv.

Was die Figur sagt, ist also genau das, was jeder in sich selbst durch tiefe Verinnerlichung erfahren und zum Sprechen bringen kann. Betet die Figur, liest sie etwas, ist sie ein platonischer Körper, fast etwas Topologisches,  *L'Autre*, ein Yogi, ein Buddhist, ein Performanzkünstler oder doch wieder nur die Urmutter, die uns fesselnd umfängt? Für eine wirkliche Aussage, für eine echte Enthüllung aus dem Unbewussten reicht es nicht. Dafür ist die Verinnerlichung in wissenschaftlich gesicherter Form notwendig, die mit dem *Spricht*, mit grenzsprachlichen Formulierungen, geweckt werden kann. Dieses *Spricht*, diese ‚Grenzsprachlichkeit', die in den Wort-Formeln alias *Formel-Worten* eine entscheidende Rolle spielt, kann allein sicherstellen, was wirklich gezeigt wird, und so zur eigenen Vollständigkeit beiträgt.

Es geht also um die eigenen (anderen, unbewussten) Gedanken, nicht um die anderer, die uns heute – wie ich schon betonte – in scheinbar anspruchsvoller Literatur nahegebracht werden. Man kann unmöglich aus dem Zusammenhang von Philosophie, Linguistik, Physik, Soziologie, Bio- und Neurowissenschaften, Theologie und zig anderen klugen Veröffentlichungen ein gültiges ‚Viertes' (Lacans Viererknoten) produzieren. Es muss Eigenstes, Persönlichstes, vom *Strahlt* und *Spricht* dazukommen. Das Subjekt braucht seine Wissenschaft, seinen gesicherten Zenit. „Heute ist die Welt sehr arm an Blick," meint daher

Byung-Chul Han wiederum. „Wir fühlen uns selten ange-
blickt oder einem Blick ausgesetzt. Der digitale Bildschirm hat nichts Blickhaftes. Windows ist ein Fenster
ohne Blick. . . . Auch Herrschaft findet ohne Blick statt."[127]
Denn nur der Machthaber sieht die Untergebenen, die
selbst blind sind. Und so brauchen wir die Übung mit dem
Strahlt, das *Spricht* und umgekehrt, denn diese Übung revoltiert und verinnerlicht so den Blick des reinen Luziden.

Die Augenscheinlichkeit kann uferlos sein, und so wird sie
in der *Analytischen Psychokatharsis* durch die Übung mit
den *Formel-Worten* in Grenzen gehalten. Aber man kann
sich in alle Schichtungen des Unbewussten hineinsehen,
hineinfühlen, indem sich das *Es Strahlt* zu einem *Es Fühlt*
oder dem kathartischen, durchrieselnden *Spürt* hin erweitert.[128] Freud selbst hatte sich so ausgedrückt, dass es das
Unbewusste selbst ist, das „mittels des Systems W-Bw
[Wahrnehmung - Bewusstsein] der Außenwelt Fühler ent-
gegenstreckt", dass es also ein primäres Tasten, Schauen,
Erfühlen, Verinnerlichen gibt, als könnte die Seele sich
aus- und wieder einstülpen und so eine direkte Erfahrung
der Welt haben.[129] So wie Freuds Intellekt, so wachen auch
die *Formel-Worte* über die Korrektheit dieses Vorgangs.

---

[127] Byung-Chul Han, Die Austreibung des Anderen, Fischer
(2016) S. 64-65
[128] Heller-Roazen, D., Der innere Sinn, Fischer (2012)
[129] Freud, S., GW XIV, Notiz über den Wunderblock.

11. Das Gedankenhören des *Spricht*

Um das Gleichgewicht für die gelungene Verinnerlichung auch von der Seite des Rhetorisch-Worthaften, vom *Spricht* her, zu erstellen, könnte man im gleichen Sinne wie am Anfang des letzten Kapitels auch sagen: Wir sind Musik, sind Ton, Laut, Sprachklang, Symphonie. Die Musik ist „sinnfreier Sprachklang" und in einer Symphonie – so der Psychoanalytiker S. Leikert – begegnen sich der Klangleib des Orchesters mit dem undefinierbaren Klangpunkt im Hörer, sodass man immer denken kann, die Töne kämen eigentlich von irgendwoher, aus dem nicht bestimmbaren Unbewussten (dem *Es* Verlautet, dem *Spricht*). Während das präzis Sprachliche ein Objekt repräsentiert, suggeriert die Musik eine unbestimmbare, aber umso intensivere, intimere Präsenz. Damit kann man also auf Heilung reflektieren und nicht nur auf Einsicht und Erkenntnis wie in der herkömmlichen Psychoanalyse, wo nur das klar Verbale die Dinge regelt.

Die Musik, insbesondere der absolute ‚Klang', hat etwas Monadisches an sich, wie Leikert weiterhin sagt. Man kann diesen ‚Klang' nicht fixieren, nicht festhalten, und so dient die Musik also nicht dem Erkennen der Wahrheit – wie es für das Sprechen so wesentlich ist, sondern ihrem Vollzug und Genießen.[130] Die Erfahrung eines Körperbild-

---

[130] Leikert, S., Die vergessene Kunst, Psychoanalyse der Musik, Psychosozial Verlag (2005) S. 25 - 44

,Durchrieselns', das ich gerade oben erneut beschrieben habe, weil es auch in der ,Augenscheinlichkeit' eine Rolle spielt, ist eine körperbezogene, beseligende Erfahrung wie sie schon jeder sicher ein- oder mehrmals auch gerade bei einem bewegenden Musikstück gemacht hat, wo es einem kurz prickelnd den Rücken hinunterläuft. Wie erwähnt nennt man es neuerdings auch eine ,Chill-out-Erfahrung', ein kribbelndes Relax-Erlebnis. So soll übrigens der Anfang der 3. Symphonie von Brahms mit dem sich weiter und weiter öffnenden Bläserakkord solch ein ,Durchrieseln', oder eine derartige Chill-out-Erfahrung auslösen, die sich als nicht von denen anderer Ursachen unterscheidet. Allgemein und auch nüchterner betrachtet versteht man unter dieser leichten Empfindung eines prickelnden oder ,durchrieselnden' Schauers eine atavistische Reaktion, die mit tiefer Emotionalität zu tun hat.[131] So kann auch das Hören ein wenig vom *Es Strahlt* an sich haben.

Musiktheoretisch ausgedrückt handelt es sich um die eigene, singularitätsnahe und auch topologisch zu verortende ,Tonigkeit'. Denn der eigentliche Ton ist etwas, was weniger dem Musikstück immanent ist, als dem Unbewussten, das manche in diesem Zusammenhang auch dem Gehirn zuschreiben.[132] Dass es aber wohl eher eine Sache

---

[131] Atavistisch heißen starke Gefühls- und vegetative Reaktionen früherer Menschen, die auch im heutigen Menschen auftauchen.

[132] Jourdain, R., Das wohltemperierte Gehirn, Spektrum (2001)

des Unbewussten ist, ist vor allem von Komponisten her bekannt, aber auch von sogenannten ‚Hellhörigen', wie der gerade zitierte Autor schreibt. R. Schumann beispielsweise soll von solchen akustischen Hellhörigkeiten und Halluzinationen gegen Ende seines Lebens schwer geplagt gewesen sein. In den letzten zwei Jahren seines Lebens erlebte er dramatische Krankheitsepisoden, geisterte durch die musikalischen Welten und wurde – wohl wegen dieser Eskapaden – nur 46 Jahre alt.

Seine Probleme sollen mit seinen psychischen und beziehungsbezogenen Schwierigkeiten zusammengehangen haben und beeinträchtigen nicht die These vom monadischen Ton, vom absoluten Gehör oder eben von diesem grundlegenden ‚*Es* Verlautet' (*Spricht*). Zu sehr klingen diese Schwierigkeiten nach einem verunglückten und kranken Zusammenfungieren des Bild-Wort-Wirkenden, des *Strahlt*/*Spricht* schon in frühester Zeit. Es handelt sich um die Phase, den Ort oder das Phänomen, das der Wissenschaftsjournalist S. Schramm zutreffend den „Klang des Nichts" taufte.[133] Dieser Autor berichtete über Experimente eines Akustik-Technikers, in dessen absolut schalldichten und auch schallschluckenden Raum man schon nach kurzer Zeit alle möglichen Töne und Laute wahrnimmt oder zu hören vermeint, ohne dass wirklich etwas Diesbezügliches oder von außen her Gemachtes geschieht.

---

[133] Schramm, S., Der Klang des Nichts, SZ vom 7. 11. 2016, S. R7

Es handelt sich also um den in sich selbst gekrümmten Laut des Realen, der wie die Stimme eines Fremden, Toten oder des ganz *Anderen* klingen kann, obwohl man ihn selbst von sich gibt. Die sich krümmende Topologie ist notwendig, um das zu verstehen, was ich schon mehrfach vom groß zu schreibenden Lacanschen *L'Autre* erzählt habe, in dem sich die Wortbedeutungen tummeln, die sprachlichen Kräfte, die eine Lächerlichkeit zum höchsten Ruhm verdrehen oder eine wirkliche Großtat mundtot herunterschrauben können. Denn es ist etwas, das in uns *Spricht*, ‚tonisch‘, rhythmisch, monadisch oder – wie Lacan sagt – ‚symbolisch-automatistisch‘, aber auch zusammengesetzt mit schlichten Vokabeln wie im Möbiusband oder Torus, wo sie – draufgeschrieben – verdreht und verflochten vorkommen.

Ich hätte also auch sagen können, wir sind Oper, Musikdrama, Epos und Melodram. Wir sind Koloratur, Arie, aber auch Gurren und Stammeln, Gedicht und Echo, ja sogar Geräusch und Rauschen, kurz alles, was zur ekstatischen Verinnerlichung dieses tonisch-symbolischen Teils des Selbst beitragen kann. Denn gerade das in der herkömmlichen Musik Verdrängte wie die Lautreste, die durch die Wahl der Instrumente vom Gehör ausgeschlossen werden, oder das Prosodische, das durch zu viel Lexikalisches übertönt wird, klingen nach ‚Ex-Sistenz‘, nach dem, was sich der Symbolisierung entzieht und daher im

Realen widerhallt.[134] Im Bereich experimenteller Musik werden somit derartige Schallphänomene z. B. durch Klopfen von Holz-, Stein-, Metallkörpern und anderem erzeugt. Denn Musik ist auch etwas, bei dem man nie weiß, was man eigentlich genießt. Freud machte aus diesem Grund die Musik sogar Angst.[135] Neuere Musikforscher rätseln, von wo Musik überhaupt herkommt und wozu sie dient, ohne eine Antwort zu finden.[136]

Ich würde sagen, sie ist letztlich eine Art der Selbstbefriedigung. Kurz: keine gute Selbstverinnerlichung. Die Menschen führen oft melodramatische *Selbst*gespräche, die oft nicht von ihnen selbst bestimmt werden, sondern sie lassen sie sich vom *Anderen* in einem selbst besorgen. Ja, die Sprache macht sich in einem selbstständig, wie der Philosoph M. Heidegger meinte. Er schrieb in seinem Buch „Unterwegs zur Sprache," dass es die Sprache selbst sei, die spricht.[137] Dies klingt freilich nach einer zu direkten Verbindung, nach einem Kurzschluss, nach Magie. Wie sollte die Grammatik, die Syntax, das ganze linguistische, semiotische oder semantische Gebilde Sprache von sich aus – ohne Sprechorgan sozusagen – sprechen können?

---

[134] Hinweise dazu in: Das Objekt des Begehrens in der Musik, davidwallraf.files. wordpress.com
[135] Roazen, P. (1975) Freud and his followers. Harmondsworth: Penguin books, (1979)
[136] Drösser, C., Schräge Töne, DIE ZEIT vom 22.12.2022, S. 40
[137] Heidegger, M., Unterwegs zur Sprache, Neske (1959)

Hier hatten Freud und nach ihm Lacan schon eher Recht, wenn sie sagten, dass ‚*Es*' im Unbewussten *Spricht*. *Es*, das den Triebsignifikanten unterworfene Subjekt, das Subjekt des Hör-Sprech-Systems, das Subjekt der ‚Tonigkeit' und Hörigkeit. Das Subjekt, das vor sich selbst auf der Lauer liegt und von dem ich schon sagte, dass es gespalten ist, vielleicht gerade deswegen, weil es sprechen muss und mit dem Sehen allein nicht zurande kommt. Damit möchte ich auch sagen, dass es nicht das Gehirn ist, das spricht, wie es moderne Neurowissenschaftler gerne sähen. So etwas wäre genauso unsinnig wie Heideggers Statement. *Es* benutzt das Gehirn, *Es*, dieses Wort-Klangliche, dieses Buchstabenspiel, diese Stelle des Bild-Worthaften. *Es* ist also nicht die Sprache, nicht das Gehirn, nicht das leicht verschleierte Bild, das Schirm-/Image-Konstrukt, nichts, das uns eine wirkliche Identität verleihen würde, es sei denn, wir bekommen Wort und Bild, Film und Roman, Licht und Klang – und wie man es immer nennen will – in voll gereifter Form durch eigenes Üben oder eigene Kreativität gut verinnerlicht perfekt, komplett zusammen.

Die Psychoanalytikerin D. Birksted-Breen erforschte die früheren und heutigen Arten der symbolischen Ordnung. Sie sagt, dass in der menschlichen Psyche neben meist unbewusst ablaufenden Spiegelungsprozessen auch sogenannte „Widerhall-Effekte" eine wichtige Rolle spielen. Der Widerhall erinnert an die vom Linguisten F. de Saussure beschriebenen lautlichen ‚Prozesse von Gegensätzen',von seelischen Echovorgängen, indem sie zwischen

Mutter und Säugling (Kleinkind), nämlich zwischen dem Reverie-Geplapper der Mutter und eben dem ‚widerhallenden' Antworten des Kindes entstehen.[138] Es findet also eine erste Hall / Widerhall, Anklang / Widerhall oder *Signifikanten*-Kombination statt, die noch keine ausgereifte Sprache darstellt, dennoch aber schon symbolische Grundlage hat.

Und noch dazu: Diese Grundlage ist auch real! Ich erinnere nochmals an den Laut des Realen, der sich im ersten Wimmern des Kindes ausdrücken kann. *Es* verlautet etwas unmittelbar aus dem Unbewussten. Es ist noch kein willentliches Ich, noch kein symbolischer Laut, der sich äußert. Doch in diesem Hin und Her der Verlautungen entsteht ein erstes Identitätsgefühl zwischen Mutter und Kind. Ja, mehr noch, es entsteht ein Identitätsklang, die Art eines ersten Losungswortes, wie es wohl auch am Anfang der Menschheit stattgefunden hat, wenn es auch vorerst nur Klänge, Laute und Vokale waren, aus denen dieses Wort-Klang-Widerhall-Geschehen, die phylogenetische Art eines ‚Echo-Diskurses' bestanden hat und auch jetzt noch in der Ontogenese des Säuglings besteht. Schon der Säugling kann sogar meist die rhythmische Lautfolge wiedergeben, die ihm vorgelallt wurde, dieses erste *Es*, Da oder Das also

---

[138] Hierbei ist der *Signifikant*, dieser „unscharfe Bedeuter," noch stark an die Linguistik gebunden, erst in der Psychoanalyse wurde er zu etwas, das dem Trieb selbst nahesteht.

bestätigen und anerkennen.[139] D. Birksted-Breen zeigte Fälle auf, an Hand derer sich ganz klar nachweisen ließ, dass Menschen, denen diese Fähigkeit fehlt, nicht träumen können und daher auch meist Schlafstörungen und psychische Probleme haben.

All diese Phänomene kulminieren im Gedankenhören der *Analytischen Psychokatharsis*. „Weil der Körper einige Öffnungen hat, deren wichtigste, weil sie nicht verstopft, geschlossen werden kann, das Ohr ist, antwortet im Körper das, was ich eine Stimme genannt habe."[140] Diese Stimme untergräbt die Selbstrepräsentanz. Sie schlägt einen tiefen Riss im Inneren des Subjekts, durch den das ganz *Andere* ins Selbst einbricht. In Kafkas Erzählungen ‚Forschungen eines Hundes' ist von einer Stimme die Rede, 'vor deren Erhabenheit der Wald verstummte'.[141] Dieses eindrucksvolle, unbewusste Sprechen bekommt so eine melodische Erinnerung und Stimmigkeit, denn es ist die Stimme, die vom Körper aufgerufen ist und von ihm her antwortet, das *Spricht* der *Pass-Worte*.

---

[139] Freud sprach hier vom ES, die Daseinsanalytikerin C. Spitzer vom Da des Anklangs / Widerhalls und der Psychoanalytiker D. Symington vom Das, von der ‚Thathood' (Dasheit) des Zwischenmenschlichen.

[140] Lacan, J., Seminar XXIII, Lacan-Archiv, Seite 10

[141] Byung-Chul Han, Die Austreibung des Anderen, Fischer Verlag (2016) S. 70 - 78

12. Die Praxis des Verfahrens

Ich habe geschildert, dass das Verfahren der *Analytischen Psychokatharsis* für die ,Verinnerlichung des Selbst' eine ideale Hilfe darstellt, indem es von seiner praktischen Seite her sehr einfach ist und nur aus zwei Übungen besteht. Es mag dennoch seltsam klingen, dass eine Methode, die fast wie ein schlichter Entspannungskurs à la ,autogenes Training' klingt, eine Erneuerung und Wesenserfahrung des Selbst ermöglichen soll. Aber ich wiederhole es: Die scheinbar nichtssagenden *Formel-Worte* mit ihren linguistischen Schnittstellen wirken als die präzisesten und schärfsten Instrumente, um das Unbewusste in seiner Achillesferse, in seiner tiefsten Intimität aufzusprengen. Jedes selbst ganzsprachliche, gerichtete Sprechen wird immer einen Teil Bevormundung enthalten, während das Grenzsprachliche und Ungerichtete der *Formel-Worte* das Ureigenste des Subjekts zum Ausdruck zwingt. Zudem wird dieser Ausdruck in den *Pass-Worten* der zweiten Übung auch ganzsprachlich erstellt. Jeder wird dies rasch bemerken, auch wenn in der Folge längere Zeit nötig ist, die Verinnerlichung ins eigene Selbst zu Ende zu bringen.

Wenn man heute sieht, wie sich sogenannte Querdenker und bürgerlich Neoliberale, Rechte und Linke, Arme an materiellen Grundlagen sowie an Bildung und Superreiche sowie Akademiker, Mächtige, Stimmabgeber sowie viele Weitere mehr sich gegenüberstehen, dann wird klar, dass eine Revolte alten Stils mit Barrikaden und Molotow-

Cocktails nicht mehr passen wird. Aber auch Hate Speech und ‚Selbstbeschränkung als eine höhere Form der Freiheit' verwirren nur.[142] Die Gesellschaft ist in vieler Hinsicht gespalten, was sich in hunderten von Konflikten auf persönlichen Ebenen und in Kleinkriegen auswirkt. Daher muss vom Persönlichen, vom unmittelbar Einzelnen, ausgegangen werden, soll wirklich eine Erneuerung im individuellen und im gesamtgesellschaftlichen Bereich zustande kommen können. Politik und Soziologie sind machtlos.

In der *Analytischen Psychokatharsis* sitzt man am besten in bequemer Haltung und wiederholt rein gedanklich langsam hintereinander ein, zwei oder bis zu fünf *Formel-Worte*, während man gleichzeitig (anfangs am besten auch mit geschlossenen Augen) darauf achtet, ob etwas auftaucht, das den Charakter von etwas Strahlendem, eines *Es Strahlt* hat.[143] Dabei kann es sich um eine Helligkeit, um eine Luzidität, um eine durchströmende Körperempfindung und Ähnliches handeln. Erst in einer zweiten Übung kommt durch Konzentration auf den inneren Ton, auf den Laut des Realen, auf das unmittelbare ‚*Es* Verlautet', *Es*

---

[142] Ross, J., Wir sind so frei, DIE ZEIT vom 9. 12. 2021, S. 11
[143] Weitere *Formel-Worte* sind in anderen Veröffentlichungen, im Anhang dieses Buches oder auch auf der hinten angegebenen Webseite zu finden. Vorerst genügen die hier erwähnten. Mehr als fünf sollte man nicht benötigen, weniger als drei sollten es nur dann sein, wenn man damit besser klarkommt.

Spricht, eine Antwort (*Pass-Wort*) auf diese beiden Übungen zustande.

Bei der zweiten Übung konzentriert man sich also auf etwas, was dem Bereich des akustisch Realen, des *Spricht* zugehört. Anfänglich wird es nur ein Ton sein, eine Klangfolge, eine Silbe, mit zunehmender Übung eine ‚ultrareduzierte Phrase‘, ein Kurzsatz. Manchmal kommt das Ergebnis der zweiten Übung schon am Höhepunkt der ersten zustande. Höhepunkt heißt, dass die Katharsis, das ‚Durchrieseln‘ oder Ähnliches durch die ihm eigene Intensität eine Phrase hörbar auftauchen lässt. Es ist sogar essenziell, dass der Höhepunkt erreicht werden muss, weil nur dann die *Pass-Worte* das enthalten, „was im Unbewussten dazu drängt, sich erkennen zu geben“: die Wahrheit.[144]

Bei der *Strahlt*-Erfahrung der ersten Übung kann es sich also um eine Erhellung, eine Körperbildwahrnehmung, ein Schimmern, einen ‚Licht-Punkt‘ oder irgendetwas handeln, dem eben solch ein Phänomen zukommt. Lacan spricht diesbezüglich von einem ‚Schillern‘, von einem ‚Quellpunkt der Reflexe‘, einem ursprünglichsten Gefühl des von Helligkeit oder von einem ‚Durchrieseln‘ Erfasst-Seins. Dabei bezieht sich Lacan ganz klar auf etwas Gegebenes, etwas, was dem sogenannten Primärprozess des *Schau-* bzw. Wahrnehmungs-Triebs zugehörig ist. Man kann auch von ‚Luzidität‘ sprechen, denn das *Strahlt* ist nicht etwas, das man selbst imaginieren, erzeugen oder gar

---

144 Lacan, J., Seminar IX, Die Identifizierung, 7. Vortrag

erzwingen muss, sondern das – eben genauso wie die luzide Klarheit – von selbst etwas Leuchtendes oder ‚Durchrieselndes' erzeugt.[145]

Es ist in jedem Menschen als Primärform eines Kräftegeschehens vorhanden und muss so nur geweckt oder erwartet werden. Ein ‚Durchrieseln' zu spüren oder die Empfindung zu bemerken, wie das eigene Körperbild sich verschiebt, sich weitet oder es einfach nur als luzider Fleck (auch in Schwarz) vor den geschlossenen Augen festzustellen ist, kommt auf das Gleiche hinaus. Denn Schwarz ist schon eine Farbe, eine Wahrnehmung, die sich von der Dunkelheit vor einem ganz gering abheben kann. Egal was auch immer ‚gesehen' oder erfahren wird, es wird den Charakter von einem evtl. auch nur ganz geringem, aber psycho-physisch wahrnehmbaren Strahlendem, einem *Es Strahlt,* einer Katharsis haben, und das genügt.

Man muss nicht einen Kurs besuchen, um diese Erfahrung zu haben, die ja authentisch als Aspekt des Wahrnehmungs- oder *Schautriebs* in jedem Menschen präexistent

---

[145] Wie erwähnt ist damit eine Erfahrung gemeint, die etwas mit atavistischen Gefühlsreaktionen zu tun hat. Die Frühmenschen haben noch viel mit ihrer unbedeckten Haut gefühlt, ertastet und umweltbezogen kommuniziert. Auch bei bewegenden Momenten, wenn es einen wie durch einen den Rücken herunterrieselnden Schauer erfasst, greifen wir auf diese eben besonders tief gehenden Emotionen zurück. In der *Analytischen Psychokatharsis* wird diese Erfahrung jedoch als Bestätigung einer Erkenntnis genutzt z. B. bei den *Pass-Worten.*

(ex-sistent) ist. Während durch diese Erfahrung bereits eine leichte Entspannung eingetreten ist, wird selbige durch die in der ersten Übung der gedanklich wiederholten *Formel-Worte* deutlich vertieft. Es ist verständlich, dass durch das monotone, rein geistige Wiederholen dieser Formulierungen das *Strahlt*-Phänomen begünstigt wird, was wiederum die Wiederholungsarbeit fördert. Beides, innerliches Wahrnehmen des *Strahlt* und rein mentales Wiederholen der *Formel-Worte* schaukeln sich damit gegenseitig auf. Die *Formel-Worte* sind also rein formale Ausdrücke, die es in der üblichen Sprache so nicht gibt, aber die durch ihren Charakter ein kompliziertes Nachdenken während der Übung nicht zulassen und so die ‚unbewussten Gedanken‘ empor kommen lassen.[146]

So ist z. B. das vorhin erwähnte ENS – CIS - NOM kein normales Wort aus dem Lateinischen, aber es beinhaltet mehrere sich überschneidende Bedeutungen in einer Formulierung, es ist wie die Struktur des Unbewussten „linguistisch kristallin" aufgebaut. So lässt sich nichts Eindeutiges herauslesen, wobei vieles noch dazu recht unsinnig klingt. Dies hat jedoch für den formalen Ausdruck keinerlei Bedeutung. Ausschlaggebend ist hier nur die wissenschaftliche Begründung (mehrere Bedeutungen in einer Formulierung, Verwendung nur anderer Schnittstellen, Überdeterminierung) klar darlegen zu können. Dies ist für

---

[146] Es ist kein Fehler, die Meditation durch ein kurzes kritisches Denken, evtl. nachlesen, zu unterbrechen.

das Verfahren notwendig, weil man nur so volles Vertrauen in die Methode haben wird, indem man klares Wissen davon besitzen kann.[147] Und gerade weil man die einzelnen Bedeutungen der *Formel-Worte* ja nicht beachten oder gar vergessen soll, weil sie nur noch ein B(r)uchstaben-Interface sind, wirken sie so stark verinnerlichend.

Nochmals: In bequemer Sitzhaltung und bei geschlossenen oder halb geöffneten Augen ist auf das Bild-Wirkende, das *Strahlt* (das ‚Scheint‘, ‚Durchrieselt‘, die ‚Luzidität‘), zu achten, während gleichzeitig langsam, monoton und rein gedanklich ein oder mehrere *Formel-Worte* hintereinander in Abständen und immer wieder neu wiederholt werden. Nach beispielsweise vier *Formel-Worten*, die hintereinander reverberiert werden, wird damit wieder von vorn angefangen. Dies ist die erste Übung, die auf tatsächlichen Vorgaben der Psychoanalyse beruht, weil durch das mentale Reverberieren eine Regression (eine innerliche Zurückziehung) erzeugt wird, die sich gleichzeitig nur auf einen eingeengten Aspekt des Wahrnehmungs- bzw. *Schautriebs* konzentriert (das *Strahlt*). Diese Erfahrung kann aber auch in der zweiten Übung linguistisch, sprachbezogen, mit dem Gedankenhören gestützt werden.

---

[147] In herkömmlichen Meditationen finden sich nur mythisch-mystische Begründungen, man muss dem Meditationslehrer letztlich einfach Glauben schenken, was Freud für Infantilismus hielt. Man sollte heutzutage seine moralischen Vorstellungen selbst entwickeln.

Gleichzeitig setzt sich die *Formel-Wort*-Wiederholung an die Stelle dessen, was man in der Psychoanalyse den Wiederholungszwang, das unbewusste, mechanische Wiederholen nennt und das Freud ja mit dem Todestrieb gleichsetzte. Dieses Mechanische wird zumindest so lange aufgehalten, wie die Übungen der *Analytischen Psychokatharsis* wirken. Denn bei diesem intensiven Wiederholungsvorgang kann nicht gleichzeitig auch noch ein anderes, nunmehr eben unbewusstes Wiederholen stattfinden.[148] So wird auch sichtbar, dass damit eine wesentliche Hürde der klassischen Psychoanalyse verhindert wird.[149] Denn der Wiederholungszwang wird dort wegen seines Todestriebcharakters nie ganz aufgelöst, dagegen wirkt die gute, bewusste Wiederholung in Richtung der kathartischen Aufschaukelung zur zweiten Übung, die den analytischen Teil beinhaltet.

Bei der zweiten Übung wird nunmehr auf genau dieses *Spricht*, dieses ‚*Es* Verlautet‘, also auf einen Ton, auf etwas aus dem tiefen Inneren und Realen Herausklingendes geachtet. Es sind schließlich nicht nur ‚Laute‘, Vokale und Buchstaben, sondern auch ganze ‚Phrasen‘, die aus diesem ‚typographischen oder topologischen Raum‘ – wie Lacan

---

[148] Ich erinnere nochmals an die „gute Wiederholung“ der Psychoanalytikerin A. Bitsch, die sie dem zwanghaften und eben schlechtem Wiederholen gegenüberstellt.

[149] Lacan spricht auch vom Wiederholungsbedürfnis, hinter dem nichts anderes steckt als die Insistenz, das Nach-Außen-Drängen eines Wortes oder Satzes.

ihn nennt – herausklingen und die das Unbewusste dort in dieser Form gespeichert hält. Genau in diesen ‚typographischen, topologischen Raum' sind die *Formel-Worte* eingedrungen und haben die ihnen so völlig analogen Buchstaben (besser: B(r)uchstaben) geweckt und evoziert. Viele Menschen mit sogenanntem Tinnitus haben in Wirklichkeit keine Krankheit, sondern machen eine Erfahrung dieses ‚Lautes'.[150] Das muss man unterscheiden.

Das wahre Gedankenhören ist – wie im Kapitel 11 beschrieben – nichts Anormales. Im Märchen von Frau Holle kann die Goldmarie die Brote sprechen hören, die vom Backofen her zu ihr sagen: „Hol mich hier raus". Der Backofen ist das Unbewusste, und da die Goldmarie *Analytische Psychokatharsis* geübt hat, weiß sie, was dort gesprochen wird, während die Pechmarie leer ausgeht. Es handelt sich um einen ganz originären Aspekt des Entäußerungs- bzw. *Sprechtriebes*, des Wort-Wirkenden, des *Es Spricht*, das in jedem Menschen als Primärprozess vorhanden ist, diesmal jedoch nicht als Märchen, sondern als Wissenschaft, wie sie von Lacan aus der Freud'schen Wissenschaft weiterentwickelt wurde..

Dieser Primärprozess nimmt im Unbewussten sogar speziell die Form ganz knapper, kompakter „innerer Sätze,"

---

[150] Bei sehr ausgeprägten Formen muss man durch den ‚Laut' hindurchgehen, hindurchhören, wobei mittels der Erfahrung der ersten Übung eine Entspannung und Lautminderung eingesetzt hat.

„ultrareduzierter Phrasen" an (alles Begriffe Lacans für diese lautliche Erfahrung). Auch hier kann es sein, dass anfänglich oft nur ein feines Rauschen, ein ferner Laut oder Ähnliches wahrgenommen werden. Der Übende wird jedoch von Anfang an bemerken, dass es sich hier um eine Konzentration auf ein mehr oben-rechts oder oben-zentral im Kopf befindliches Hör-Sprechsystem, ein Zentrum der symbolischen Ordnung handelt, zu dem der ‚typographisch-topologische Raum' Beziehung hat, auf den hier in gewisser Weise zurückgegriffen wird.[151]

Ich bin im Text vielfach darauf eingegangen, zu welchen mehr analytischen und damit auch weniger kathartischen Effekten diese zweite Übung führt. Es bleibt nicht beim einfachen Hören und Erfahren von inneren Lautphänomenen, sondern es geht um Buchstabenfolgen bis hin zu kurzen Sätzen. Solche – von Lacan also auch als „ultrareduzierte Phrasen" beschriebene Kurssätze stellen also die *Pass-Worte*, die Identitätsworte dar, weil sie direkt aus dem Unbewussten kommend natürlich mit der Identität

---

[151] Dabei stört nicht, dass neurologisch das eigentliche Hör-Sprechsystem linksseitig angelegt ist. Erstens gibt es eine Kreuzung der Nervenbahnen im Kopf, zweitens ist eben auch rechtsseitig ein mehr rudimentäres, der Regression besser zugängliches Hör-Sprechsystem vorhanden. Letztlich geht es auch um eine Resonanz des linken im rechten System, und man kann sich immer auch für die Konzentration zentral oben im Kopf entscheiden, da durch die Rechts-Links-Überlappung ohnehin das Neurologische gegenüber dem rein Unbewussten zurücktritt.

des Übenden zu tun haben. Ein Beispiel will ich hier erneut zitieren, andere in der Folge nochmals geben. Jeder muss selber mit Geduld ausprobieren, was er als *Pass-Wort* anerkennen kann.

Manchmal ist es nämlich so, dass man erst fast im Nachhinein, in der Endphase der *Pass-Wort*-Erfahrung, des Phrase-Hörens, den Kurzsatz vollständig wahrnimmt. Manchmal scheint es ein sehr, sehr leiser Gedanke zu sein, der aber dennoch weitgehend klar ist. Ich muss mich hier so diffus ausdrücken, trotzdem besteht an dem Phänomen kein Zweifel, und zwar sowohl von der psychoanalytischen Theorie her als auch von den zahlreichen Erfahrungen, die ich bisher bei mir und etlichen anderen sammeln konnte. Der Laut, der vom Realen herkommt, hängt mit ‚*a*‘, dem Begehrensobjekt, zusammen, wo er eine Stimme ist. *Es* kann die Stimme des ‚Objekts‘ sein, aber auch die des Subjekts, des *Anderen*. R. Golan heißt sie die „weibliche Stimme,“ in der sich also das von mir diskutierte *Weibliche* selbst ausdrücken kann, weil es die imaginäre Ordnung der ‚Jouissance‘ mitbenutzt. Grundsätzlich sollte man die *Pass-Worte* immer zuerst in Richtung der Freudschen These vom **a** als Begehrensobjekt durchforsten und erst dann in Richtung einer kreativen Lösung.

Mit der Zeit des Übens bekommt man diesbezüglich immer mehr Sicherheit und Gewissheit über diese Methode des ‚Gedankenhörens‘, das nicht aus pathologischen Stimmen besteht, sondern aus dem eigenen, andersstrukturierten Unbewussten. Dazu noch ein Beispiel, das mir beim Schreiben dieses Buches gekommen ist:

„Gut durchgegrenzt" lautete die ‚ultrareduzierte Phrase', was ich sofort als Mahnung empfunden habe, mich klar abzugrenzen von allen Methoden psycho-physischer Natur, wie ich es ja schon in den ersten Zeilen moniert habe. Doch es bedeutete wohl auch, dass mein Schreiben nicht grenzenlos sein sollte, nicht eine Verinnerlichungs-Revolte nach der anderen betonen und nicht vom Hundertsten ins Tausendste gehen dürfte. *Es* muss gut ‚durchgegrenzt' bzw. gut ‚abgegrenzt' und ‚durcharbeitet' sein, ein Begriff, den die Psychoanalytiker grundsätzlich verwenden, um nicht zu vorschnell mit ein paar Assoziationen und Deutungen ans Ziel kommen zu wollen.

Auch ein „gut durchgesetzt" habe ich herausgehört, doch dies ist ein Wunschgedanke, denn das Verfahren der *Analytischen Psychokatharsis* hat sich noch nicht so optimal durchgesetzt. Es fordert viel ‚Durcharbeitung' und Zeit, sich damit durch alle Schwierigkeiten des eigenen Selbst ‚durchzugrenzen' und ‚durchzusetzen', damit im Moment der ‚Jouissance' und dem Auftauchen eines *Pass-Wortes*, die logische Praxis mit der kathartischen Analyse zur letztlichen ‚Verinnerlichung des Selbst' zusammenkommt. Im Anhang gebe ich erneut eine kurze Zusammenfassung der Übungen, um die so wichtige Praxis der intensiven Verinnerlichung zu zeigen.

13. Die *Pass-Worte* und die Spitze der m *a* n

Um ein Resümee des bisher Gesagten zu ziehen, möchte ich nochmals darauf hinweisen, dass ich in diesem Buch das von der herkömmlichen Psychoanalyse so vernachlässigte Imaginär-Reale, das Blick-Wirkende, die Ordnung/Unordnung der Blicke, als für die Verwendung in der *Analytischen Psychokatharsis* betont wichtig herausgestellt habe. Dass man mit dem üblichen psychoanalytischen Sprechen allein im gesamten Bild-Blicklichen eine Klärung erreichen kann, halte ich für ausgeschlossen. In der Theorie gibt es freilich viele Veröffentlichungen, so z. B. A. Ruhs ‚Das unbewusste Sehen' und Lacans ‚Faden-Geometrie', die bildhafte Verflechtungen seines Bo-Knotens sind. Aber in der Praxis? Eine solche kann nur aus der grundlegenden Verinnerlichung bestehen, die vor allem eine ‚Ordnung der Blicke' anstrebt, auch wenn dies zum Schluss durch ein *Pass-Wort* gekrönt wird.

Anschaulich kann man dies – außer mit den entscheidenden eigenen Übungen – mit einem Hinweis auf die Erfahrung des ‚Déjà-vu' vertiefen, bei der man im Moment irgendeines Geschehens etwas schon einmal genau so erlebt oder gesehen zu haben glaubt. Diese Erfahrung geht unbemerkt einher mit der Insistenz eines ‚Jamais-raconté' (noch nie erzählt) im Unbewussten. Weil etwas nie gesagt, nie richtig erzählt, nie richtig eingestanden und effektiv enthüllt worden ist, obwohl es im Unbewussten dazu drängt, können gewisse Szenen seelisch so überbesetzt erscheinen, dass sie wie schon erlebt und gesehen wirken. Was im Alltag generell möglich ist, wird in sogenannten Reinkarnationstheorien systematisch, jedoch in unwissenschaftlicher Form genutzt.

Dort wird nämlich das noch ‚Nie-Erzählte‘, nie begrifflich Fixierte, aber schon lexikalisch Vorerfasste, verschoben und in ein ikonisches ‚Schon-mal-Erlebt‘ übertragen. Reinkarnative Elemente finden sich aber auch angedeutet in jeder modernen Psychotherapie wieder, vor allem in Träumen, Anspielungen und sogenannten Deckerinnerungen (Erinnerungen, mit denen man wahre Erinnerungen aus Gründen seelischer Abwehr zudeckt und sie mit Behauptungen anderer Erinnerungen, gar solcher aus ‚früheren Leben‘ füllt).[152] Es kommt also grundsätzlich nur darauf an, wie man mit diesem ‚Déjà-vu / Jamais-raconté‘ umgeht, wie man es versteht und wodurch man damit eventuell auch Erkenntnis und Symptombefreiung erreichen kann.

Findet man nämlich das, was ‚nie-erzählt‘, was nie richtig affektiv, elementarsprachlich und ehrlich artikuliert wurde, heraus, verschwindet auch für immer das ‚Déjà vu‘. Die kristallinen Spiegelungs-Szenen des *Strahlt* stehen also mit dem echoartigen Diskurs des *Spricht* im engen Zusammenhang einer sich verknotenden Interferenz

---

[152] Auch das eigene Seelenleben als Säugling kann sich wie ein früheres Leben anfühlen, da die seelische Spaltung und Ur-Verdrängung dazu verleiten.

und ergeben so ein scheinbar okkultes Phänomen: Freud hatte vor langer Zeit diese Phänomene (Präkognition und Reinkarnation) als auch der Wissenschaft gut bekannt in Form einer „Interferenz mehrerer korrekter Leistungen" aufgefasst, die aber als solche selbst „inkorrekt" erscheint, was auch gut auf *Formel-* und *Pass-Worte* zutrifft.[153] Sie sind inkorrekt, weil sie nichts sagen, enthalten aber „mehrere korrekte Bedeutungen."

Ich hatte zweimal Personen in analytischer Psychotherapie, die von ihren ‚früheren Leben' strikt überzeugt und in entsprechenden Rückführungstherapien gewesen waren. Eine Frau, die von ihrem Onkel in der Kindheit missbraucht worden war, schilderte plastisch, wie sie in einem ‚früheren Leben' ein Mädchen aus hohem Adel gewesen war und mit einem grobschlächtigen Stallknecht verheiratet werden sollte. Alle Bemühungen, dieser Ehe auszukommen, halfen nichts. Schließlich stürzte sie sich aus dem hoch gelegenen Fenster des Hauses und wurde ihrer Meinung nach zu der wiedergeboren, die sie heute war: eine Frau mit einer netten Familie, aber geplagt von neurotischen Anfällen, chronischen Unterleibschmerzen und gelegentlichen Albträumen.

Irgendetwas erschien hier durcheinander, „inkorrekt", doch die therapeutische Bewusstmachung des Missbrauchs als Fenstersturz (tatsächlich wohnte zudem ein Onkel der Patientin oben im Haus) verbesserte ihre

---

[153] Freud, S., GW IV, S. 308

Beschwerden, und so löste sie sich auch von dem Gedanken der Erinnerung an ein reales ‚früheres Leben'. Sie erkannte auch die Psychoanalyse als eine Art der Rückführungs-therapie an. Denn hier spricht man von Regression, von Rückkehr zu frühkindlichen oder ganz woanders liegenden urseelischen Wesensformen und Erfahrungen, die aber nicht einer chronologisch real früheren und völlig anderen Existenz zugehören, sondern „korrekterweise" nur der unbewusst eigenen. Das ‚Déjà-vu' ist also eine Art ‚ikonischen Verstehens' (das *Strahlt* der Unordnung der Blicke), während das „Jamais-raconté' das lexikalische Pendant dazu liefert (das hinsichtlich des Freud'schen Sexuellen noch nie richtig ausgedrückte *Spricht*).

Wie erwähnt hatte Freud seine Psychotherapie mit der einer Rückführung ähnelnden Hypnose und der darin erfahrenen Katharsis (Befreiung, Entspannung) begonnen. Doch die Patienten gaben sich zu sehr dem Genuss dieser, wie man die Katharsis auch nennen könnte: ‚Kommunikation-in-Versenkung', hin, anstatt ihre Problematik zu verarbeiten. Sie hängten sich an die erotisierte Stimme des Therapeuten, ja, sie waren ihr im Sinne eines verdrängten *Spricht* hörig, denn eine derartige Stimme klingt für den in Hypnose Befindlichen so, als käme sie vom geliebten *Anderen*, von der Mutter, vom göttlichen Über-Vater, vom imaginären Geliebten oder dem *Es Strahlt*. Aber sie erzählt nichts Echtes, es gibt kein wirkliches ‚raconté'. Man wacht im ‚vu' wieder auf, aber da ist kein ‚Déjà', auf das man sich erinnernd beziehen könnte. Das alles verhält sich beim ‚ultrasubjektiven Ausstrahlen' des Unbewussten, dem des kathartischen *Es Strahlt,* und der dortigen Stimme des *Anderen,* dem des *Pass-Worte* liefernden *Es Spricht,* anders.

M. Buber war zwar Religionsphilosoph, aber seine Einteilung in die zwei Grund-*Signifikanten* des ‚Ich-*Es*' (identisch mit dem *Strahlt*) und ‚Ich-Du' (identisch mit dem *Spricht*) könnte hierher passen und weiterhelfen. Allerdings gipfelt Bubers Theorie letztlich in der Erstellung eines ‚ewigen Du', zu dem das Ich-Du sich wandeln muss. Das kann man wissenschaftlich nicht vertreten. Aber man kann alles ein wenig plausibler machen, wenn man dem ‚Ich-*Es*' den imaginären Signifikanten, das Bild-Wirkende, und dem ‚Ich-Du' den symbolischen Signifikanten, das Wort-Wirkende, zuweist. Sodann entsteht in ihrem Zusammenschluss durch die Praxis der *Analytischen Psychokatharsis* etwas Überindividuelles, etwas über die vorschnellen Identitäten Hinausgehendes. Denn während das *Strahlt* den Ich-*Es*-Diskurs der Begehrens-‚Objekte' bestimmt, kommt das *Spricht* im *Anderen* einem ‚Du' nahe, d. h., es gibt dem *Anderen* eine Vertrautheit und bildhafte Akustik.

Sie ist so vertraut, so intim und wahr wie die, die ich von der Heiligen Teresa von Ávila zitieren möchte. Als die Heilige mit ihrem Wagen in einem Fluss umstürzte, hörte sie diese Stimme von oben her sagen: „So behandle ich meine Freunde," worauf sie gewitzt entgegnete: „Deswegen hast du auch so wenige." Es handelte sich nicht um die

Stimme Gottes, sondern um die ihres Jesushaften *Anderen,* der im Gegensatz zu Gott eben sarkastisch und ironisch sein kann. Aber dennoch war es die Stimme eines ‚Ich-Du', eines maliziösen Dialogpartners, der sich jedoch – der Intention der Heiligen entsprechend – vor dem Hintergrund eines ‚Ich-*Es*' ereignete. Beweist solch ein Vorgang nicht eine gute, gelungene Verinnerlichung? Ist etwas Derartiges nicht besser als ein Herunterleiern auswendig gelernter Gebete?

Ganz anders geht es in der Naturwissenschaft zu, wo man sich „einer aller Referenz auf eine Stimme beraubten Sprache" bedient und so glaubt, das Problem der Wissenschaftlichkeit, Wahrheit und Echtheit gelöst zu haben. Man trennt die subjektive Stimme von der scheinbar objektiven Sprache ab, hintenherum wird die Stimme dann wieder eingeführt als die des bis zur Sterilität entsubjektivierten Wissenschaftlers.[154] Diese kühl-metallische Stimme ist zwar präzise und vermittelt Fakten. Die Stimme der Heiligen Theresa war jedoch die des gelungen, reif zusammengeführten *Strahlt/Spricht*, ihres *Anderen*, der eben auch religiöse Aspekte aufwies.

Bleiben wir bei der *Analytischen Psychokatharsis*, wo der *Andere* die vertraute Stimme des Du ohne Subjektverlust bekommt, was auch als ein körperbezogenes Echo bezeichnet werden könnte, wie ich von Lacan weiter oben

---

[128] Lacan, J., Freuds technische Schriften, Seminar I, Walter (1980) S. 332

berichtete.[155] Hier wird wie bei der Heiligen Teresa von Ávila nicht ein gottähnlicher *Anderer* benötigt, sondern etwas Direktes, das jedoch auch den Charakter einer präzisen Antwort hat. Der Schall dieser Antwort wird nicht – wie in Physik und Technik – von einer Membran zurückgeworfen, sondern von einer Struktur, dem ‚Wahrheitsspiegel‘, dem Blick des *Anderen*, der erwähnten Struktur des körperbezogenen Unbewussten, die man als notwendig unterstellen muss, und der so auch ein Klang-Bild hat, ein Bild-Wort-Wirkendes. Die Heilige sprach – könnte man ergänzen – also direkt mit ihrem Unbewussten.

Damit kann ich behaupten, dass ein wirkliches *Pass-Wort* zustande kommt und nicht eine scheinbar göttliche Mahnung oder ein krankhaftes Stimmenhören. Ich will nicht sagen, dass echte göttliche Mahnungen – so es sie gibt – nichts wert sind, aber sie sind einfach etwas zu mystisch und veraltet. Beim *L'Autre* des modernen Menschen verhält es sich nun so, dass er oft viel zu nüchtern und sachorientiert ist, und man äußerstenfalls einem Psychotiker zugesteht, dass er eine Stimme hört, ein ‚*Es*-Du‘, ohne Ich. Es ist klar, dass es nur durch den Kunstgriff mit den *Formel-Worten* möglich ist, am Ort des *Anderen*, dem Hort der *Signifikanten*, mit der gleichen Struktur, nämlich der der B(r)uchstaben, insistierend einzugreifen. Und nur insofern kann jetzt mehr als ein *Es*-Du‘ erfahren werden, nämlich die notwendige Dreiheit des ‚Ich-*Es*-Du‘, als

---

[155] Lacan, J., Seminar XXIII, Lacan-Archiv, Seite 10

L'Autre mit seiner ‚Jouissance' (*Es*) und als *L'Autre* des *Pass-Wortes* (Du)*, was sich von Bubers Theorie und von psychischer Krankheit dadurch unterscheidet, dass man es wissenschaftlich deuten kann (Stimme des ‚Objekts' als solchem, Stimme des unbewussten *Anderen*, Stimme des Ich zwischen ‚*Es*' und ‚Du' (Dreiheit des Bo-Knotens).

So ist das ‚Ich-*Es*-Du', dieser an Buber angelehnte Ausdruck, der beste, den man dafür geben kann und den man auch lieben kann. Denn auch Buber versteht sein ‚Ich-*Es*' und ‚Ich-Du' als *Namen* (wenn eben auch konfessionell eingeschränkt), bezüglich derer ich Lacan zitiert habe, dass sie das eigentliche und vollständige Objekt der Liebe sein können. Dass im *Anderen* ein ‚Du' steckt, ist im meditativen Anteil der *Analytischen Psychokatharsis* gut einzusehen: Ein fragendes Wort, versehen mit der Bitte zur Entschlüsselung, insbesondere also ein *Formel-Wort*, impliziert immer irgendwo einen *Anderen*, ein ‚Ich–*Es*–Du', eine Art dezenter Liebesbeziehung.

Dieses ‚Du' zielt nicht auf etwas Ewiges, sondern auf das eigene ‚*Es*', das Subjekt des Unbewussten, und auf die selbstsublimierte Vernunft, auf die Ratio und auf das ‚Ich', das das *Pass-Wort* noch ein wenig deuten und in die plausibelste Richtung interpretieren muss, wenn dies nötig ist. Meist ist dies jedoch nicht nötig. Das Ganze muss dem ‚Du', aber auch dem ‚*Es*' Rechnung tragen, das Ich als Egoistisches ist dann – wie im Traum oder in der Ekstase – nicht so wichtig. So schreibt Freud, dass man sogar manche Träume, die ja nun viel entstellter sind als die *Pass-*

Worte, und die ja auch unmittelbar vom Symbolisch-Realen her kommen, direkt vom „Blatt weg ablesen" könnte.[156] Man braucht nicht mehr den Träumer nach Einfällen dazu zu befragen und umständliche Interpretationen anzubringen. *Es* Zeigt, *Strahlt*, und *Spricht* selbst.

Es Zeigt unmittelbar, also ikonisch, indem es topologisch geschrieben ist, wie in der auf Seite 134 gezeigten Abbildung eines *Formel-Wortes* auf einem Möbiusband. Die Schrift, das ist das Imaginär-Reale, die Konsistenz, der Raum, aber auch das Symbolisch-Reale. In diesem Sinne argumentiert auch Lacan und weist darauf hin, dass in der Apokalypse des Johannes davon geschrieben wurde, dass man die Schrift, ‚das Buch essen muss,' d. h., als Topologisches und als etwas nicht vorwiegend Lexikalisches verinnerlichen soll. Es ist wohl die sublimste Art, das Begehrensobjekt ‚a' zu assimilieren, indem man das Wort in einer Weise verschlingt, wie es heute auch noch manchem Büchernarren und Kreuzwortver- und -enträtslern ergeht.

Aber auch im christlichen Abendmahl klingt etwas Derartiges an, wenn das Wort von der oralen Aufnahme des ‚Leibes Christi' verkündet wird. Dass das ikonische Verstehen für Gott besser passt, behauptete auch schon der Theologe P. Schulz.[157] Auch er kam nicht mehr klar mit dem vielen Reden und Reden von Gott ohne wirkliche

---

[156] Freud, S., GW XI, Vorlesung 10, Symbolik des Traums.
[157] Schulz, P., Ist Gott eine mathematische Formel? Ein Pastor im Glaubensprozess seiner Kirche, Rowohlt (1990)

Vermittlung desselben, zu sein. Doch auch seine Formeln sind inzwischen schon wieder veraltet, so wie ich eben auch glaube, dass die klassische, weit über hundert Jahre alte Psychoanalyse keine ‚integrale Vermittlung' des Selbst mehr ist. Das muss die erfolgreiche Verinnerlichung von sich aus leisten.

Für die *Pass-Worte* möchte ich noch ein weiteres Beispiel geben; eines, das aus früheren Jahren stammt und das mich längere Zeit beschäftigte. So vernahm einer meiner Probanden – als er sich bei der Anwendung der *Analytischen Psychokatharsis* auf den ‚Klang', auf das innere ‚Gemurmel' des Unbewussten konzentrierte – plötzlich die Formulierung: „Was tun mit einem frauenfeindlichen Vater". Fortschicken, war sein erster Gedanke. Doch dann musste er freilich erkennen, dass dies als sein *Pass-Wort* eben auch ihn selbst betraf, ihn als Vater, der er inzwischen geworden war. Nun war er in der Realität kein misogyner Vater, überhaupt kennt man außer einigen Patres der mittelalterlichen Kirche und außer den Philosophen J.-J. Rousseau, A. Schopenhauer und M. de Montaigne (als philosophische ‚Väter') nicht so oft frauenfeindliche Väter, obwohl Misogynie auf der Welt sicher extrem verbreitet ist.[158]

---

[158] Bei Lacan könnte man immer wieder einmal eine gewisse Frauenfeindlichkeit heraushören, aber es dient nur der psychoanalytisch und besonders Logik betonten Differenzierung von Mann und Frau, männlich und weiblich.

Hierbei handelt es sich aber stets um Männer, die Frauen hassen, nicht leiden können oder sie für überflüssig halten. Die Phrase mit dem frauenfeindlichen Vater muss aber eine generelle Bedeutung haben, denn wenn man es immerhin schon bis zum Vater gebracht hat, kann man ja denken, dass nicht nur Frauenfeindliches im Spiel gewesen war. Die Phrase vom ‚frauenfeindlichen Vater' hat etwas Rätselhaftes an sich, und meinem Probanden war auch gleich klar, dass er als Vater und sein Vatersein allein nicht gemeint sein konnten. Auch ein frauenfeindlicher Mann war er nicht, aber so hat ja das *Pass-Wort* auch nicht geheißen.

Ich sagte ihm, dass es um die schwierige Definition bezüglich dessen geht, was es wirklich heißt, ein Vater zu sein, und was es wirklich heißt, eine Frau zu sein. Was eine Mutter ist, ist einfacher zu bestimmen, was man am besten an der Geschichte von O. M. Grafs Buch ‚Das Leben meiner Mutter' beobachten konnte. Graf bekam hunderte von Zuschriften, in denen die Autoren ausdrückten, dass ihre Mutter genauso gewesen sei, wie Graf die seine beschrieb: warmherzig, pflegend, hegend und immer für die Kinder zur Stelle. Die Menschen assoziieren zu Mutter alle so ziemlich das Gleiche, während zu dem, was eine Frau ausmacht, die großen, von mir erwähnten assoziativ zusammen gebrachten Unterschiede bestehen, weil jeder etwas anderes sagt.

Und so verhält es sich auch mit dem Vater. Der universale Vater mag Gott sein oder auch nicht, er ist auf jeden Fall so entrückt, so ‚ex-sistierend‘, dass er keine Töchter hat, gegen die er frauenfeindlich agieren könnte. *Es* gibt tausende Arten von Vätern, aber den Vater als solchen, der nicht nur als Vater spricht, sondern auch Vater des Sprechens ist, gibt es nicht. Ein ‚frauenfeindlicher Vater‘ ist somit schon eine eigenartige Metapher, aber sie musste meinem Probanden zu denken geben. Das ist der Vorteil eines *Pass-Wortes*: Es betrifft einen selbst, man muss sich damit beschäftigen. Zwischen Vater und Frau gibt es einen Konflikt, der irgendwie auch grundlegend ist.

Denn in der Psychoanalyse sagt der Vater nicht nur zum Sohn: ‚Rühr die Mutter nicht an‘, sondern auch zur Frau: ‚Friss deine Kleinen nicht auf‘. Das ödipale väterliche Nein hat zwei Seiten, so steht es jedenfalls schon bei Freud. Es soll bei den australischen Aborigines noch vor ein-, zweihundert Jahren solch einen Kannibalismus gegeben haben, doch darauf kommt es jetzt und hier nicht an. Es geht natürlich in erster Linie um die ganze Familienstruktur, in der die frauenfeindlichen Männer und die unguten Mütter heute diejenigen sind, die ihre Kinder überprotektiv oder lieblos-verführerisch vereinnahmen. Zu Neurotikern werden nicht so sehr die vernachlässigten, als die überversorgten, die in Liebe erstickten Kinder. Oder eben die von den Männern missbraucht Verführten.

Auf jeden Fall habe ich aus dem obigen *Pass-Wort* meinem Probanden vermittelt, dass hinter dem Konflikt von Vater und Frau auch der von Sohn und Mutter, von Tochter und Mann und vielen anderen problematischen Paaren steht. Dass der homosexuelle Mann in der Mutter die Frau ausspart und die lesbische Tochter im Vater den Mann, ist auch nur so eine psychoanalytische Annahme, die ergänzt werden muss dadurch, dass der sogenannte normale, aber eben heterosexuelle Mann als Vater häufig die Frau nicht genug schätzt, d. h., bindungsscheu ist, nicht monogam sein und nichts Staatstragendes tun will. Das drückt die gleiche Problematik auf der Seite der Frau aus, wenn sie nur Mädchen oder Mutter sein kann. So in etwa versuchte mein Proband, dieses ihm zugedachte *Pass-Wort* zu interpretieren und sich zu fragen, wie er sich darin zu sehen habe.

Vielleicht gelingt es mir mit einem zweiten Beispiel für ein *Pass-Wort* besser, das Wesen der Vatermetapher und meines Verfahrens darzustellen. Es kam wieder mir selbst vor einiger Zeit zu: „Er ist an der Spitze der m a n", lautete es.[159] Vielleicht ist es narzisstisch oder geltungssüchtig, vielleicht sehe ich mich erneut oben als Typ an der Spitze, und so wand ich den so vernommenen Satz wieder auf mich selbst an. Sicherlich, ich war in dieser neuen, jetzigen Phase meines Schreibens an der Spitze, aber doch nur an der Spitze der m a n, der neutralen, unpersönlichen und farblos bleibenden m a n's. Da kann m a n nichts beschönigen, die m a n's sind vielleicht meine Leser, von denen ich die meisten nicht kenne. Doch eventuell ist das auch

---

[159] Ich schreibe es so mit dem *a* des Lacanschen Begehrensobjekts, weil genau diese Bedeutung im ‚man' steckt.

gut so, ich liebe meine m a n's, und dies vielleicht auch nur deswegen, dass sie mir nicht zu nahe rücken und mich trotzdem an ihrer Spitze lassen?

„Das *Man*" – schreibt der Philosoph M. Heidegger – „entlastet das jeweilige Dasein in seiner Alltäglichkeit. . . . Das *Man*, mit dem sich die Frage nach dem *Wer* des alltäglichen Daseins beantwortet, ist das *Niemand*, dem alles Dasein im Untereinandersein sich je schon ausgeliefert hat. . . Das *Wer* ist das Neutrum. . . Jeder ist der Andere und keiner er selbst."[160] Ich könnte begeistert aus dem Kapitel III, 27 von Heideggers Buch weiter zitieren, das endlos um diese Nichtung des eigenen Lebens durch die Konformität der m a n's kreist. Nur durch die Angst und den Scheintod des Selbst mittels der weitgehenden Verinnerlichung hindurchzugehen, ermöglicht das eigene Sein und die Selbstverinnerlichung mit der Überwindung von zu viel m a n. So miserabel sind die m a n's nicht, denn „das *eigentliche Selbstsein* beruht nicht auf einem vom *Man* abgelösten Ausnahmezustand des Subjekts, sondern *ist eine existenzielle Modifikation des Man als eines wesenhaften Existenzials*," schreibt Heidegger. Man muss das m a n nur richtig anwenden, dann kann m a n auch an dessen Spitze stehen.

Ich muss mich also zufrieden geben, an der Spitze einer gewissen nicht allzu sehr persönlichen, aber doch existenziell wertvollen Menge zu stehen. Ich muss einsehen, dass

---

[160] Heidegger, M., Sein und Zeit, Niemeyer Verlag (1963) S. 126-129

ich nicht mit jedem eine enge, bedeutende und mich selbst stützende Beziehung haben kann. In Wirklichkeit sind die m a n's ja selbst eigenständige Menschen, und sie sollen sich ja noch mehr verinnerlichen und zu anderen die wichtigen Beziehungen mithilfe eines Verfahrens wie der *Analytischen Psychokatharsis* aufbauen, das jeder andere hätte auch erfinden können. Seit Lacans Psychosemiotik lag so etwas in der Luft: eine Methode zu entwickeln, die wie der ‚linguistische Kristall' der *Formel-* und *Pass-Worte* verwendet werden kann. Aber eines – so glaube ich doch wohl zurecht – vermitteln die beiden letzten Beispiele, nämlich wie kurios, wie ‚anders herum', wie seltsam einfallsreich das Unbewusste aus seinem tiefsten Kern heraus sich ausdrückt.

Kein Schriftsteller würde je auf solche Sätze kommen, die oft klingen wie das Delphische Orakel, das man ja stets auch noch deuten musste, um seine endgültige Wahrheit zu erfassen. Doch die *Pass-Worte* kommen meist auch nur als das mehrmals erwähnte ‚*Es* Verlautet', *Spricht*, als fast musikalische Phrase (und dies oft sogar am Beginn der Übungen) zur Geltung. Damit stehen sie wieder der Verschmelzungserfahrung nahe. Solch eine Phrase wie die ‚Spitze der m a n', die man relativ direkt versteht, oder andere, die in den Ohren monadisch klingen, bringen auch ein Stück der Vereinigung zustande, auch wenn es sich um keine anhaltende Eins handelt. Aber sie sind mit Bedeutung geladen, die man zur Selbsterkenntnis braucht wie die Übertragungsdeutung in der Psychoanalyse.

Denn die Psychoanalyse ist in erster Linie Psychotherapie, indem sie die Selbsttäuschungen enthüllt, die der Kranke in sich verborgen hält. Sie benötigt jedoch einen Therapeuten, der dabei sitzt. In der *Analytischen Psychokatharsis* sitzt er vielmehr in den *Formel-* und *Pass-Worten,* deren erstere „genau der Wissenschaft vom Realen, der Logik folgen, die sich nur durchzusetzen vermochte, als man die Worte so weit ihrer Bedeutung berauben konnte, dass man ihnen nur einfach Buchstaben zuordnen konnte."[161] Letztere, die *Pass-Worte*, gehorchen mehr der künstlichen (oder originären) Ausdrucksform des Unbewussten, wobei sie wesentlich besser sind als Weizenbaums ELIZA. Denn ihre Phrasen sind nicht nur therapeutisch wirksam, sondern auch für eine Wissenschaft des Universums, des Ganzen, geeignet, indem ja auch das einzelne Subjekt darin zum Zug kommt.

In den Augenblicken des Lebens-im-Sterben wird das Bild-Wort-Wirkende wohl in dieser Weise mitmischen, denn das *Strahlt* und *Spricht* bleiben in dieser Phase ja nicht mehr getrennt. Ohne viel zu spekulieren, lässt sich sagen, dass es eben auch zu dieser allein wahren und nicht mehr nur irgendein Ende verkündenden Verschmelzung beiträgt, denn nur der darin mit eingewobene Ton, Stimmlaut, Sprachklang kann zu voller Befriedigung dieser Entrückung beitragen. Die Wonnen des Todes oder der ‚Jouissance' wollen auch einen Namen haben, mit dem

---

[161] Lacan, J., Seminar XXI, Vortrag vom 9. 4. 1974

man nicht in ein Leben danach gerufen wird, sondern – zu sich? zur eigenen Vollendung, zu – ich muss es offen lassen, wozu jeder sich selbst darin finden mag.

Auf jeden Fall glaube ich, dass der klassischen, herkömmlichen Psychoanalyse, solch ein Bezug zur Sterbenserfahrung vollkommen fehlt. Jedem, der so wie gerade beschrieben stirbt, müsste man eigentlich ein freudiges Begräbnis bereiten, während die Psychoanalytiker hier nur abwinken können und sich dem üblichen schwarzen Trauerzügen anschließen, zelebrieren auch sie nur in leblosen Ritualen den Tod weiter herunter. Verschmelzung muss kein Optimismus sein (dazu braucht es ja die ‚höheren Hirnleistungen‘ der Wissenschaftler), aber dem Pessimismus des Todestriebs sollte man auch nicht huldigen müssen. „Die Unabwendbarkeit des Sterbens macht die ganze Festigkeit der Philosophen aus; sie glaubten, in guter Haltung hingehen zu müssen, wo sie nicht wegbleiben konnten.“[162]

---

[162] La Rochefoucault, Maximen und Reflexionen, Reclam (2005) S. 71

Anhang

Ich gebe hier nochmals eine ganz kurze Zusammenfassung der Praxis, von der ein Gramm mehr wert ist, als die Tonnen philosophischer und psychoanalytischer Theorien.

Erste Übung. Das Verfahren ist von seiner praktischen Seite her, wie betont, sehr einfach. Man sitzt in bequemer Haltung und wiederholt rein gedanklich langsam hintereinander ein, zwei oder bis zu fünf *Formel-Worte*,[163] während man gleichzeitig darauf achtet, ob etwas auftaucht, das den Charakter eines *Strahlt* hat. Erst in einer zweiten Übung kommt durch Konzentration auf den inneren Ton eine Antwort (*Pass-Wort*) auf beide Übungen zustande. Bei dem *Strahlt* kann es sich um eine Erhellung, Körperbildwahrnehmung, ein Schimmern, einen „Lichtpunkt" oder irgendetwas handeln, dem eben solch ein Phänomen zukommt. Lacan spricht diesbezüglich von einer Luzidität, einem ursprünglichsten ‚Leuchten'. Dabei bezieht sich Lacan ganz klar auf etwas Gegebenes, etwas, was dem sogenannten Primärprozess des Triebs zugehörig ist.

Das *Strahlt* ist also nicht etwas, das man selbst imaginieren, erzeugen oder gar erzwingen muss. *Es* ist in jedem Menschen als Primärform eines Kräftegeschehens

---

[163] Weitere *Formel-Worte* sind in anderen Veröffentlichungen oder auch auf der hinten angegebenen Webseite zu finden. Vorerst genügen die hier erwähnten. Mehr als fünf sollte man nicht benötigen.

vorhanden und muss so nur geweckt oder erwartet werden. *Es* kann die beseligende Katharsis, genauso aber auch ein ‚Durchrieseln'[164] zu spüren sein oder die Empfindung auftauchen, wie das eigene Körperbild sich verschiebt, sich weitet oder es einfach nur als schwarze Farbe, Fleck vor den geschlossenen Augen festzustellen ist. Denn Schwarz ist schon eine Wahrnehmung, die sich von der Dunkelheit im Kopf ganz gering abheben kann. Egal was auch immer ‚gesehen' oder erfahren wird, es wird den Charakter von einem auch nur ganz geringen *Es Strahlt* haben, und das genügt.

Mit dem Schwung der Katharsis kommt der wichtige Effekt zustande, dass der B(r)uchstabenmix der *Formel-Worte* durch die „défilés du signifiant" hindurchgetrieben wird und die *Pass-Worte* erzeugt. Die *Formel-Worte* sind also rein **formale** Ausdrücke, die es in der üblichen Sprache so nicht gibt. So ist auch das unten abgebildete RADIC-IT kein normales Wort aus dem Lateinischen, aber es beinhaltet mehrere sich überschneidende Bedeutungen in

---

[164] Ich erwähne nochmals, dass diese Erfahrung etwas mit atavistischen Gefühlsreaktionen zu tun hat, also z. B. ein den Rücken herunterrieselnden Schauer bei einer ergreifenden Musik oder den tief gehenden Emotionen der Frühmenschen, die noch viel mit ihrer unbedeckten Haut gefühlt, ertastet und umweltbezogen kommuniziert haben. In der *Analytischen Psychokatharsis* wird diese Erfahrung jedoch als Bestätigung einer Erkenntnis genutzt, z. B. bei den *Pass-Worten* (Übergang von der ersten zur zweiten Übung am Höhepunkt der Katharsis).

einer Formulierung, es ist „linguistisch kristallin" aufgebaut (ein Ausdruck, den Lacan für die Struktur des Unbewussten verwendet).

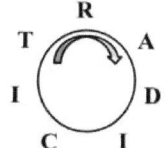

Außer dem ‚radiat' und dem ‚dicit' (*Strahlt* und *Spricht*) ergeben sich im Kreis geschrieben und von verschiedenen Buchstaben aus gelesen mehrere unterschiedliche Bedeutungen. So können wir hier z. B. auch „adi cit r" (geh heran, es bewegt R) „C i tradi" (hundert I übergeben), „citra di" (diesseits die Götter), „dicit ra" (es sagt ra), „r adic it" (füge r hinzu, es geht), „radi cit" (gekratzt werden, es bewegt sich), „trad ici" (erzähle, ich habe getroffen) etc. herauslesen, wobei vieles recht unsinnig klingt. Dies hat jedoch für den formalen Ausdruck keinerlei Bedeutung. Ausschlaggebend ist hier nur, die wissenschaftliche Begründung (mehrere Bedeutungen in einer Formulierung, Verwendung nur anderer Schnittstellen) klar darlegen zu können, und dies ist für das Verfahren essenziell, weil man nur so volles Vertrauen in die Methode haben kann. Vertrauen in einen Therapeuten allein genügt nicht, es muss durch klares Wissen gestützt sein.

Nach dem R-A-D-I-C-I-T kann nun auch O-R-S-A-C-E-R-A-M hinzugenommen werden, um dem Verfahren für einen ersten Versuch drei *Formel-Worte* zur Verfügung zu stellen (eins im Text, zwei hier). In diesem dritten *Formel-Wort* stecken folgende Bedeutungen: C eram orsa (hundertfach war ich Beginnen), amo R sacer (ich liebe das heilige R), cera morsa (das gebissene Wachs), mors acer (der Tod ist bitter), amor sacer (die Liebe ist heilig) usw. Wie betont, kann man diese Bedeutungen gleich wieder vergessen. Wichtig ist nur zu verstehen, wie die *Formel-Worte* aufgebaut sind, sodass man wissenschaftlich-intellektuell das Verfahren jederzeit hinterfragen kann. Kommen irgendwelche Gefühle oder Ideen hoch, die unpassend sind oder Angst machen, kann man nachdenken oder sich weiter über das Verfahren belesen. Blinder Glaube ist nicht gefragt.

Wie im Text erwähnt, sollte auf die **zweite Übung** übergegangen werden, wenn die Erfahrung des *Strahlt* und der Katharsis genügend ausgeprägt ist. Denn mit dem zündenden kathartischen *Strahlt* gelingt am ehesten im Unbewussten der Wechsel (durch die „défilés du signifiant" hindurch) von der mehr bildhaften auf die mehr wortbezogene Seite. Dort ist nunmehr auf genau dieses *Spricht*, dieses Körper-Echo, also auf einen von oben / rechts im Kopf herkommendes Verlauten, auf einen ‚Ton' aus dem tiefen Inneren zu achten. Allein schon der ‚Ton' errichtet einen Halt in der Vertikalen. Hier kann ich mich auf P. Sloterdijk beziehen, der von der ‚Vertikalspannung' schrieb, über die er sich fast etwas lustig machte, weil er nichts damit anzufangen wusste, weil sie ihm mythisch vorkam und er nur die Sozialhorizontale kennt.[165] Doch es gibt diese Vertikale tatsächlich, sie entspricht einer Lotung, Haltung,

---

[89] Sloterdijk, P., Du musst dein Leben ändern, Suhrkamp (2009)

Festigung, in einer unverrückbaren Zeit. Denn sie gipfelt im *Pass-Wort* als dem wesentlichen analytischen Element des Verfahrens.

Es sind schließlich Buchstaben, die aus diesem ‚typographischen' Raum herausklingen und die das Unbewusste dort gespeichert hält. Auch hier können anfänglich nur ein feines Rauschen, ein ferner Laut oder Ähnliches wahrgenommen werden, der Übende wird jedoch von Anfang an bemerken, dass es sich hier um eine Konzentration auf ein mehr oben-rechts oder oben-zentral im Kopf befindliches Hör-Sprech-System handelt, zu dem die Echos des Körpers Beziehung haben, auf die hier zurückgegriffen wird.[166] Letztendlich finden beide Übungen zu einem inneren ‚Auftrag', einer Gewissheit, auch am Verfahren mitwirken zu können.

In diesem Buch habe ich drei *Formel-Worte* aufgelistet, was für einen Versuch mit der *Analytischen Psychokatharsis* genügen würde, indem man eines nach dem anderen und dann wieder von vorne anfangend gedanklich wiederholt. Dazu auch die Bedeutungen, die sich in der auf Seite 81 gezeigten Formulierung ARE-VID-EOR überlappen:

A re videor   Ich werde vom *Es* wahrgenommen
Revide ora   Schau wieder hin, sprich!

---

[166] Auch wenn das eigentliche Hör-Sprechsystem im Kopf linksseitig angelegt ist, ist eben rechtsseitig das mehr rudimentäre, musikalische und der Regression besser zugängliche Hör-Sprechsystem vorhanden.

Evide orar	Erkenne daraus: Ich werde gesprochen
Vide ora re	Schau, sprich, in Wahrheit!
Vi deorare	Mit Kraft voll sprechen
Video rare	Ich nehme ungewöhnlich wahr
Ideo rare V	Deswegen selten Fünf
De orare vi	Vom Sprechen mit Überzeugungskraft
Deo rare vi	Dem Gotte gelegentlich mit Kraft
Eo rare vid(E)	Dorthin schau selten!
Arevi deo R.	Ich bin verbrannt durch den Gott R
Orare vide	Das Beten (Sprechen) schau an!

Wie betont, sind manche Bedeutungen etwas skurril, aber darauf kommt es nicht an. Hauptsache sie sind syntaktisch und semantisch in Ordnung und lassen keinen einheitlichen Sinn oder Bedeutung zu. Ohnehin soll man die einzelnen Bedeutungen gleich wieder vergessen. Wichtig ist nur zu verstehen, wie die *Formel-Worte* aufgebaut sind, so dass man wissenschaftlich-intellektuell das Verfahren jeder Zeit hinterfragen kann. Kommen irgendwelche Gefühle oder Ideen hoch, die unpassend sind oder Angst machen, kann man nachdenken oder sich weiter über das Verfahren belesen. Jeder Schritt ist nachvollziehbar und begründet dargestellt, so dass man genau weiß, was man bei der Ausübung der *Analytischen Psychokatharsis* tut, und warum man es tut. Blinder Glaube ist in nicht gefragt.

Literaturverzeichnis

Appleton, T., Warum verschwanden die Neandertaler, Heyne (1999)

Baggini, J., Ich denke, also will ich, dtv (2016)

Barkhaus, A., Mayer, M., Identität, Leiblichkeit, Normativität, Suhrkamp (1996)

Bauriedl, T., Beziehungsanalyse, Suhrkamp (1993)

Benthien, C., Wulf, Ch., Körperteile, Rowohlt (2001)

Bezzel, C., Wittgenstein, Junius (1996)

Brenman, E., Vom Wiederfinden des guten Objekts, frommann-holzboog (2014)

Breuer, R., Immer Ärger mit dem Urknall, Rowohlt (1993)

Bischof, M., Biophotonen, Zweitausendeins (1995)

Brockman, J., Vogel, S., Wie funktioniert die Welt?, Fischer Taschenbuch (2013)

Byung-Chul Han, Die Austreibung des Anderen, Fischer Wissenschaft (201)

Byung-Chul Han, Die Errettung des Schönen, Fischer Wissenschaft (201)

Camus, A., Der Mensch in der Revolte, Rowohlt (1997)

Camus, A., Der Mythos des Sisyphos, Rowohlt (2000)

Carnap, R., Einführung in die Philosophie der Naturwissenschaft (1969)

Damasio, A. R., Descartes` Irrtum, dtv (1997)

Davies, P., Gott und die moderne Physik, Bert. M. (1986)

Eccles, J. C., Gehirn und Seele, Piper (1987)

Eichmeier, J., Höfer, O., Endogene Bildmuster, U&S – Verlag (1974)

Eribon, D., Rückkehr nach Reims, ed suhrkamp (2016)

Fischer-Lichte, E., Performativität: Eine Einführung, transcript (2012)

Fölsing, A., Albert Einstein, Suhrkamp (1995)

Freud, S., Studienausgabe, Fischer (1989)

Goel, B. S. Meditation und Psychoanalyse, Ariston (1989)

Görz, G., Einführung in die Künstliche Intelligenz, Addison-Wesley (1996)

Goldman, L. R., The Anthropology of Cannibalism, B&G (1999)

Heidegger, M., Unterwegs zur Sprache, G. Neske (1959)

Hilbrecht, H., Meditation und Gehirn, Schattauer (2010)

Hofstadter, D., Die Fargonauten, Klett-Cotta (1996)

Hofstadter, D., Die Analogie, Klett-Cotta (2014)

Horgan, J., An den Grenzen des Wissens, Luchterhand (1997)

Jacobs, A., Schrott, R., Gehirn und Gedicht, Hanser (2011

Jakobson, R., Semiotik, Suhrkamp (1988)

Jakobson, R., On Language, Harvard University Press (1995)

Jung. C. G., Gesammelte Werke, Walter (1983)

Kant, I., Kritik der reinen Vernunft, Reclam (1966)

Kant, I., Kritik der praktischen Vernunft, Suhrkamp (1974)

Kluge, F., Etymologisches Wörterbuch, W. de Gruyter (1989)

Köhler-Weisker, A., Gespräche unter dem Mopanebaum, Psychosozial-Verlag (2015)

Lacan, J., Schriften I - III, Walter, (1975)

Lacan, J., Seminare I,I, VII, XI, XX, Quadriga (1980-1995)

Lacan, J., Seminaire Nr. III, Iv, VIII, XVII, Edition Seuil (1981-1994)

Lacan, J., Die Bildungen des Unbewussten, Turia & Kant (2006)

Lacan, J., Mitschriften der Seminare VI,IX,X,XII,XV, B.R.L.F., Strasbourg

Laplanche, J., Pontalis, J. B., Das Vokabular Der Psychoanalyse, Suhrkamp (1989)

Leakey, R., Die ersten Spuren, Goldmann (1999)

Linke, D., Kunst und Gehirn, Rowohlt (2001)

Maar, C., Pöppel, E., Christaller, T., Die Technik auf dem Weg zur Seele, Rowohlt (1996)

Merleau-Ponty, M., Das Sichtbare und das Unsichtbare, Fink Verlag (1994)

Morgenthaler, F., Gespräche am sterbenden Fluß, Fischer (1986)

Pinker, S., Der Sprachinstinkt, Kindler (1996)

Plato, Sämtliche Werke, Insel Verlag (1991)

Popper, K. R., Eccles, J. C., Das Ich und sein Gehirn, Piper (1989)

Potthoff, P., Die Begegnung der Subjekte, Psychosozial-Verlag (2014)

Radisch, I, Camus, Rowohlt (2013)

Roazen, D., Der innere Sinn, Archäologie eines Gefühls, Fischer (2012)

Roheim, G., Die Panik der Götter, Kindler (1975)

Rosset, C., Das Reale in seiner Einzigartigkeit, Merve (2000)

Rüdinger, D., Perrez, M., Anthropologische Aspekte der Psychologie, O. Müller (1979)

Rudgley, R., Abenteuer Steinzeit, Kremaye & Scheriau (2001)

Schmidt-Hellerau, C., Lebenstrieb & Todestrieb, Libido & Lethe, Verlag Intern. Psychoanalyse (1995)

Schmitz, R. W., Thissen, J., Neandertal, Spectrum (2000)

Searle, J. R., Geist, Hirn und Wissenschaft, Suhrkamp (1992)

Seidler, G. H., Der Blick des Anderen, Verlag Intern, Psychoanalyse (1995)

Sinz, R., Gehirn und Gedächtnis, Fischer Utb (1981)

Sloterdijk, P., Du musst dein Leben ändern, Suhrkamp (2009)

Spielrein, S., Sämtliche Schriften, Kore (1987)

Strowik, E., Sprechende Körper, Fink-Verlag (2009)

Sunday, P. R., Divine Hunger, Cambr. Univ. Press (1986)

Thompson, R. F., Das Gehirn, Spectrum (1994)

Thorne, K. S., Gekrümmter Raum und Verbogene Zeit, Knaur (1996)

Tipler, F. J., Über die Omegapunkttheorie, Piper (1994)

Uexküll, Th., Fuchs, M., Subjektive Anatomie, Schattauer (1994)

Weiss, Der Andere in der Übertragung, Frommann-Holzboog, (1988)

Weizsäcker, C. F. von, Die Einheit der Natur, dtv (1995)

Weinberg, S., Der Traum von der Einheit des Universums, Bertelsmann (1993)

Weizenbaum, J., Die Macht der Computer, Stw (1977)

Wiener, O., Probleme der Künstlichen Intelligenz, Merve (1990)

Wilhelm, R., Informatik, C.H.Beck (1996)

Wilson, E. O., Der Wert der Vielfalt, Piper (1999)

Wolf, F. A., Die Physik der Träume, Byblos (1996)

Wygotski, L.S., Denken und 'Sprechen', Fischer (1981)

Webseite: Analytische-Psychokatharsis.de
Kontakt: g.vonhummel@web.de

Weitere Bücher des Autors aus dem MCS-Verlag

Analytische Psychokatharsis

Psychoanalytische Theorie und kathartische Meditation können nicht einfach ineinander überführt werden. Setzt man beide Verfahren aber durch ein entscheidendes Element (einen „linguistischen Kristall") in Beziehung, lässt sich ein eigenes neues Verfahren begründen. Die Psychoanalyse und die meditativen Methoden werden diskutiert, und die Praxis des eigenen Verfahrens wird ausführlich beschrieben.

SIGNIFIKANT Gott?

Schon die unterschiedliche Groß- Kleinschreibung provoziert, dass der SIGNIFIKANT (Bezeichner, Bedeutender), ein Begriff aus der Linguistik, wichtiger sein könnte, als die altehrwürdige Vokabel Gott. Der Autor zeigt, dass Jesus ein Vorläufer der modernen Psychotherapie war und somit sein Vorgehen auch für die heutige Psychoanalyse genutzt werden kann.

Der Andere des Wortes und das Andere der Sterne verweist auf die Doppelstruktur des Unbewussten. Doch wie bringt man diese beiden in eine geeignete Kombination, so dass sie sich für ein psychoanalytisch - meditatives Verfahren eignen, das jeder Einzelne für sich selbst erlernen kann. Über Physik, Theologie, Kognition und andere Wissenschaften liefert das Buch eine Anleitung

Yoga und Psychoanalyse
An Hand einer wissenschaftlichen Biographie des Religionswissenschaftlers und Yogalehrers Kirpal Singh (Surat Shand Yoga) werden alle Yogaformen von der Seite der Psychoanalyse her betrachtet. Es ergibt sich die Notwendigkeit ein eigenes Verfahren zu begründen, das der Autor auch *Analytische Psychokatharsis* nennt. Zahlreiche Bilder und Schemata machen das Buch anschaulich.

Liste anderer Werke des Autors im MCS-Verlag

Herz-Sprache, Eine Psychoanalyse des Herzens

Politik / Therapie, Begreifen, was man schon weiß - wie Politik therapeutisch zu denken wäre

Das autochthone Genießen, Essays zu einem neuen selbstanalytischen Verfahren

Zweimal den Tod überlisten, Ein Traktat zu Sisyphos, wie man das Streben heute meistert

Siddharthas Wiederkehr, Ein wissenschaftlicher Roman – eine Anregung zur Selbstanalyse

teetrunken, Bergwandern, Meditieren, Wissenschaft betreiben – Essays von dreiteilig einigen Menschen

Nach Lacan, Über Physik, Psychoanalyse und die Metapher des Genießens – eine Selbstpraxis

interhot, Gespräche mit dem Unbewussten

Das Gerade und das Gekrümmte, Die Behandlung einer Psychose

Die Mathematik des Eros, Die ‚perfektoiden Räume' des Unbewussten – eine Selbstpraxis

Die körperlich kranke Seele, Eine Broschüre zu Theorie und Praxis der *Analytischen Psychokatharsis*

Platons Lieb-ido, Ein wissenschaftlicher Roman – eine Überredung zur Selbsttherapie